花とゆめCOMICS

# 天使禁猟区

第9巻

由貴香織里

この作品はフィクションです。実在の人物・団体・事件などにはいっさい関係ありません。

## 目次

天使禁猟区
誰《だれ》か…
そこに誰《だれ》かいるの？
助《たす》けて!!
私《わたし》あの方《かた》へここへ落《お》とされてしまったのよ！
ねぇ…
助《たす》け…

天《てん》使《し》禁《きん》猟《りょう》区《く》
Angel Sanctuary
地獄《ジャハンナ》編《へん》
ACT.3 窖《あな》の最下《いやした》の花嫁《はなよめ》達《たち》

キシャああ
ひく
ひく
ひく
ま…
まさか…

ジ…
ジブリール…？
……え？
やっだーーっ!!
誰《だれ》か私《わたし》の下《した》に居《い》るーー！
ボカ ボカ ボカ ボカ ボカ ボカ
君《きみ》が乗《の》ってるの！
ボカ ボカ ボカ ボカ

え
重《おも》いから どいてくれ
あ ご ごめん なさ…
ぱっ
意識《いしき》が戻《もど》るなり部屋《へや》から抜《ぬ》け出《だ》して窓《まど》から落《お》ちて来《く》るなんて 確《たし》かに以前《いぜん》の君《きみ》とは人《ひと》が違《ちが》ったみたいだな
ジブリール!
パン
パン
!
貴方《あなた》もなの!? 私《わたし》はジブリールじゃないって言《い》ってるのに人違《ひとちが》いなのよ
見《み》てわかんないの!?
どうしたんだジブリール…
あ まずい ちょっと匿《かくま》って〜〜〜っ
ジブリール様《さま》ァ… どこです——?
ここだよーん
ちょっと——っ!!

悪《わる》いが俺《おれ》は自分《じぶん》の利益《りえき》にならない事《こと》には動《うご》かないタチなんだ
他人のモメ事嫌りだて メンドいのいや
ちょっと待《ま》ってよ〜〜っ
君《きみ》を助《たす》けるといい事《こと》あるの？
俺《おれ》は君《きみ》の診察《しんさつ》をしに来《き》た ただの医者《いしゃ》だ すみやかに病室《びょうしつ》に戻《もど》っておとなしくしてもらおう
それとも…
!
やだ 何《なに》しよーとしてんの このヘンタイ!!
助《たす》けて——っ 刹那《せつな》——っ!!

ぱん
…え？

ゆりと お久しぶりの新刊ですね。もう9巻目ですので 2ケタの大台まであと一歩です。今年は個人的に、いろいろ忙しい年ですがその一つに「画集が出た」とゆーのがあります。タイトル・ロゴの「ANGEL. CAGE」のデザインとか、ほぼ私がしてしまったり、いろいろあってマジ忙しくって大変だったけど出来上っていく様を見るのはなか$^{2}$楽しかったです。いい出来だと思うので、よかったら見てやって下さい。初版の記事P《ページ》.「七君主《サタン》」のマモンの欄.「食欲」は「貪欲」に直して下さい。もう笑かす誤植はカンベンです～!!

ここだ！
ラ ラファエル様《さま》!? ジブリール様《さま》が そちらに？
ジブリールなんて 知《し》らないな
え？ で でも …… そちらから 声《こえ》が…
俺《おれ》は 君《きみ》の 探《さが》し物《もの》はここに ある と言《い》いた かったんだ
※注 ここは笑うシーンです。
君《きみ》はずっとずっと 俺《おれ》を探《さが》していたんだよ 知《し》らなかった？
君《きみ》を一目《ひとめ》見《み》た時《とき》から 恋《こい》のドレイとなった 憐《あわ》れな男《おとこ》を…

い…いけません
こんな所《とこ》で…
ラファエル様《さま》…
ラファエル…？
それじゃあ
今夜《こんや》 君《きみ》の部屋《へや》に
忍《しの》んで行《い》くよ
……
鍵《かぎ》を開《あ》けて
おいて…
いいね？
ラファエルって あの、有名な!? あのフレスコ画とかにある 大昔の少女マンガの 王子様みたいな —？
は…
はい…！
さあ
人《ひと》が来《く》る前《まえ》に
行《い》くんだ
はい
ラファエル様《さま》
……
はーっ
もぞ…
助《たす》けてくれたんだ…
……
ありがとう
でもホントに行くつもり。
でも…
なんだかすごい
手慣《てな》れてるんだけど
…本当《ほんとう》に天使《てんし》？
ヘンタイさん

それが本当《ほんとう》に感謝《かんしゃ》してる呼《よ》び方《かた》か？
この女…あたまでも打ったのか。
私《わたし》の知《し》ってるラファエル様《さま》は精神科《せいしんか》や眼科《がんか》から泌尿器科《ひにょうきか》までこなしちゃうマルチなお医者《いしゃ》さんで
それなのに何故《なぜ》か旅人《たびびと》の守護者《しゅごしゃ》までやっててトビアっていう少年《しょうねん》の旅《たび》を助《たす》けるのよね
へーよゆーし.
でもォ…学校《がっこう》で習《なら》ったラフィー君《くん》とずいぶんイメージ違《ちが》うケドなァ
あラフィーってのは友人達と呼んでたラファエルのあだななんだけどね
だからいつも絵画《かいが》ではサンダル履《は》いてて片手《かたて》には水筒《すいとう》とか小箱《こばこ》持《も》って時《とき》にはリュックなんて持《も》ってたりするって本《ほん》に書《か》いてあったよ！
じょーしきで考えていつもいつもそんな物もってるわけねーだろ
あくまでもそれは人間《にんげん》の創《つく》り出《だ》したイメージだろ
でも…天使《てんし》がいるってことはここって天国《てんごく》…？
そうよね…だってあたし…死《し》んじゃったはずだもの

バッタン
だっ…
だめ!!
見《み》たらアカン!
その声《こえ》…
九雷《クライ》…!?
まっくらで何も見えねー
何《なに》やってんだ!?
人《ひと》の部屋《へや》で…
ビク
明《あ》かりを付《つ》けんといて!!

こんな……
こんな惨《みじ》めな姿《すがた》…見《み》んといて…!
惨《みじ》めや……!!
九雷《クライ》……?
俺《おれ》はこの姿《すがた》で刹那《せつな》を誘惑《ゆうわく》しに来《き》たんや……!!
正面《しょうめん》からぶつかっても相手《あいて》にされへんからって売女《ばいた》みたいに媚売《こびう》ってうす汚《ぎたな》い愛《あい》を買《か》うために……!!
そんなのは俺《おれ》の欲《ほ》しい刹那《せつな》やないのに……!!この姿《すがた》だって刹那《せつな》を好《す》きな今《いま》の俺《おれ》やない……!!
アホやないか……そんなのホンマの俺《おれ》の欲《ほ》しい愛《あい》やないのに……!
これはただの一瞬《いっしゅん》の幻《まぼろし》でしかないんや……!!

一体何《いったいなん》だってんだよ九雷《クライ》…！声《こえ》も変《へん》だぞ？
ハラ出《だ》して寝《ね》てカゼでもひいたんじゃねーか？
ぶん
ぶんっ
わかってるよ怒《おこ》ってんだよな…俺《おれ》が勝手《かって》な事《こと》ばっかすっから…
お前《まえ》にはホント悪《わる》い事《こと》したと思《おも》ってるよ俺《おれ》のせいで…仇討《あだう》ちも遅《おそ》くなるし
お前《まえ》の大事《だいじ》なアレクシエル様《さま》の体《からだ》で動《うご》き回《まわ》られるしじゃあな
ちがう…そんな事《こと》を言《い》って欲《ほ》しいんとちがう…
ごめんな…
そうや…お前《まえ》なんか大嫌《だいきら》いや
そんでもって
お前《まえ》…なんか
こんな事《こと》が言《い》いたいんとちゃう
大嫌《だいきら》い…

…違《ちゃ》う
違《ちゃ》う
違《ちゃ》う
違《ちゃ》う
ちゃうわ！
こんな事《こと》を言《い》いに来《き》たんやない
アレクシエル様《さま》の体《からだ》が心配《しんぱい》なんやない
今《いま》言《い》わないと
お前《まえ》が大事《だいじ》なんや
きっと一生《いっしょう》言《い》えない秘密《ひみつ》の呪文《ことば》

刹那《おまえ》が好《す》きなんや
ずっと…
いかんかったのに
アレクシエル様《さま》より
刹那《せつな》を好《す》きになっちゃ…

九雷《クライ》…！
俺《おれ》…
お前《まえ》の事《こと》好《す》きだよ
きっとお前《まえ》が思《おも》ってるより……
お前《まえ》といると元気《げんき》が出《で》るしすごく楽《たの》しいし……
でも… それはやっぱ …妹《いもうと》みたいな… そんな気持《きも》ちだ
大事《だいじ》な… 掛《か》け替《が》えのない友達《ともだち》だと…
ごめん…
ごめんな…

九雷《クライ》…
大丈夫《だいじょうぶ》か？
な…
ばしっ
何《なに》本気《ほんき》にしとんねんバーカ!!
ジョーダンやジョーダン!!
本気《マジ》にとんなや
俺《おれ》が好《す》きなんは別《べつ》の奴《やつ》や！
昨日《きのう》見《み》たやろ俺《おれ》にキスしたあの男《おとこ》！
あいつ 俺《おれ》にベタ惚《ぼ》れで毎日《まいにち》プロポーズしてくるしやな まァあの熱意《ねつい》に負《ま》けたっつーか！
あいつ俺《おれ》にはすごく優《やさ》しいし俺《おれ》を一人《ひとり》の女性《じょせい》として扱《あつか》ってくれるし 俺《おれ》の欲《ほ》しかった言葉《ことば》をたくさんくれる…
あいつが嫁《よめ》にしてくれるわけやないけど…

「幸《しあわ》せになりたいでしょう」って言《い》われて……
だから…俺《おれ》…!
本当《ほんとう》に幸《しあわ》せになれるのか?
こんな暗闇《くらやみ》でも
…うん 好《す》き
刹那《せつな》が今《いま》どんな表情《ひょうじょう》をしとるかはっきりとわかるわ
だから?
本当《ほんとう》にそいつの事《こと》が好《す》きなのか!?
大好《だいす》き…
セ・ツ・ナ・ガ
──好《ス》キダッタヨ──
そっか…

俺《おれ》だってお前《まえ》を変《へん》な奴《やつ》にやるわけにゃいかねーよ
なんだか父親《ちちおや》みたいな心境《しんきょう》だぜ…
……
お前《まえ》のその残酷《ざんこく》な優《やさ》しさも
じゃ…もう寝《ね》るわ…
ああ
月《つき》が沈《しず》んだらもうすぐ夜《よ》が明《あ》ける
…そうだ刹那《せつな》…
この魔法《まほう》は　あとかたもなく　消《き》えて
元《もと》のカボチャに戻《もど》ってしまう
お前《まえ》は…自分《じぶん》が幸《しあわ》せになるのと自分《じぶん》の大事《だいじ》な人《ひと》が幸《しあわ》せになるのと
どっちを選《えら》ぶ？
…何《なに》を突然《とつぜん》言《い》い出《だ》すのかと思《おも》ったら…
決《き》まってんだろ？

みんなで
幸《しあわ》せになる！
これだ！
…え？
お前《まえ》らしいや
……

ばいばい…
今《いま》…一瞬《いっしゅん》…!
え…?
パタ
パタ
パタ
それに…泣《な》いてた…!?
ばいばい……
そんな…やめろよ
別《わか》れの言葉《ことば》なんて
お前《まえ》らしくないよ
ばいばい

なんだか
もう会《あ》えねーみたいじゃねーかよ
すっかり…
元《もと》に戻《もど》ってまった…
これで…ええんや…
これで…
!
九雷《クライ》!!
朔夜《さくや》!?
自分《じぶん》その傷《きず》…昨日《きのう》の!?
なんでやお前《まえ》は不死身《ふじみ》のはずやろ?
ああ…期限切《きげんぎ》れ
……

もう…この体《からだ》の…吉良朔夜《きらさくや》の限界《げんかい》なんだ
もう何十回《なんじゅっかい》と死《し》んでは再生《さいせい》して…この血自体《ちじたい》の効《きき》めも大分薄《だいぶうす》くなっていた…
特《とく》にこの体《からだ》になってからは…
この体《からだ》が死《し》んだら多分《たぶん》もう2度《ど》と再生出来《さいせいでき》ない
吉良朔夜《きらさくや》は死《し》ぬ
この体《からだ》は自然《しぜん》の摂理《せつり》によって土《つち》に返《かえ》り…やっと安息《あんそく》を得《え》る
実際《じっさい》よくやってくれたよ…サクヤ《こいつ》は
そしてこの俺《おれ》は精神体《せいしんたい》になり再《ふたた》び七支刀《ナナツサヤ》に戻《もど》る
剣《けん》の姿《すがた》に…!?

どうって事《こと》ない……ただアレクシエルと出会《であ》った頃《ころ》に戻《もど》るだけだ
多分《たぶん》その方《ほう》が刹那《せつな》を守《まも》れる
ただもう2度《ど》とこの手《て》で触《ふ》れる事《こと》もこの口《くち》で語《かた》る事《こと》も笑《わら》う事《こと》も怒《おこ》る事《こと》も出来《でき》なくなるだけだ
ただ……それだけだ
ただ好《す》きになっただけやのに
そう

ただそれだけの事《こと》やのに
伝《つた》える事《こと》さえままならない
今度の方《かた》は本当《ほんとう》に輝《かがや》いていて可愛《かわい》くて…
食《た》べてしまいたい程《ほど》に
血筋《ちすじ》といい霊格《れいかく》といい正《まさ》に理想的《りそうてき》な姫君《ひめぎみ》です…
まもなく…
今度《こんど》こそ猊下《げいか》もお気《き》に召《め》すと思《おも》いますよ
まもなく手《て》に入《はい》りますよ猊下《げいか》…！
………

やれやれ猊下《げいか》への お前《まえ》の忠誠心《ちゅうせいしん》には 感心《かんしん》する
今度《こんど》はどんな いたいけな少女《しょうじょ》を その不実《ふじつ》な舌先《したさき》で たぶらかして きたんだ？
さすがは地獄一《じごくいち》の 弁舌家《べんぜつか》と言《い》われる 希代《きだい》のペテン師《し》よ
それで？ 今日《きょう》こそ お前《まえ》にお声《こえ》をかけて くださったか？
ベリアルよ
気安《きやす》く触《さわ》らないで いただきたいですね
地獄の七君主《サタン》 アスモデウス公爵《こうしゃく》
おおっ

その名《な》でわたくしを呼《よ》んでいいのは猊下《げいか》だけです
おお 恐《こわ》い 恐《こわ》い
ムダな事《こと》はやめていいかげん俺《おれ》と組《く》む事《こと》を承諾《しょうだく》しろ 何人霊力《なんにんれいりょく》の高《たか》い女《おんな》を犠牲《ぎせい》にしようともムダだ
あの方《かた》は永遠《えいえん》にお前《まえ》に指一本《ゆびいっぽん》触《ふ》れはしないだろうさ
ホラ 猊下《げいか》のお怒《いか》りは鎮《しず》まらない 我々《われわれ》を制圧《せいあつ》し飲《の》み込《こ》む あの狂《くる》った轟《とどろき》を聞《き》くがいい
魂《なましい》の慟哭《どうこく》を…!

…離《はな》して下《くだ》さい わたくしは前王妃《ぜんおうひ》に御報告《ごほうこく》を…
前王妃《ぜんおうひ》…？ ふっ…誰《だれ》の事《こと》だ
クス クス
…そういえば お前《まえ》 部下《ぶか》の巫術師《ネクロマンサー》に薬《くすり》を作《つく》らせていただろう
ええ 反魂《はんごん》の秘薬《ひやく》をね
反魂《はんごん》…？ ばかな 巫術師《ネクロマンサー》に生《い》き返《かえ》りの術《じゅつ》など使《つか》えるはずがない
彼《かれ》らは死《し》しても骨《ほね》になろうが腐《くさ》ろうが何度《なんど》でも再生《さいせい》する不屍魂体《アンチデッド》を作《つく》る事《こと》を生業《なりわい》にしている
完全《かんぜん》なる反魂《はんごん》の術《じゅつ》を使《つか》いこなせるのはあの小憎《こにく》らしいラファエルのみだ
そう
別《べつ》に構《かま》わないんですよ
エサが本物《ほんもの》であろうとなかろうと
それでもわたくしの心《こころ》は少《すこ》しも痛《いた》まない
狙《ねら》った魚《さかな》が釣《つ》れさえすればね

御機嫌《ごきげん》は いかがですか 前王妃様方《ぜんおうひさまがた》
ごめんなさいね 姫君《ひめぎみ》
じきにお仲間《なかま》が 増《ふ》えますよ …とびきり 上等《じょうとう》なのが
きっと皆様《みなさま》も 気《き》に入《い》ります
だって わたくし 悪魔《アクマ》 なんですよ

我《わ》が愛《あい》する７つの悪徳《あくとく》

嫉《ねた》み、破壊《はかい》、患難《かんなん》、捕囚《ほしゅう》、欠乏《けつぼう》、混乱《こんらん》、荒廃《こうはい》

そう

それらはすべて　わたくしの

唇《くちびる》から生《う》まれる甘《あま》い毒《どく》

天《てん》使《し》禁《きん》猟《りょう》区《く》
Angel Sanctuary

ジブリールが何処《どこ》にもいないだと…？
あの見《み》えぬ目《め》で遠《とお》くまで行《い》けるはずがなかろう！
セヴォフタルタ様《さま》申《もう》し訳《わけ》ありません館内《かんない》あらゆる所《ところ》をお探《さが》ししましたが一向《いっこう》に…！
ジブリール様《さま》のお姿《すがた》は…
役《やく》に立《た》たぬ者《もの》は…
いらぬ！

無能者《むのうもの》め！
きゃあっ
ラファエル！
落《お》ちついて下《くだ》さいよ
この娘《こ》にあたったところで
ジブリールがみつかる
わけじゃなし
もう用《よう》なしだってんなら
この子《こ》 俺《おれ》がもらってって
いいでしょ？

物好《ものず》きめ！
お前《まえ》はジブリールを煙《けむ》たがっていた様《よう》だからムリもないか？
貞淑《ていしゅく》な白百合《しらゆり》の天使《てんし》には お前《まえ》の節操《せっそう》のなさが許《ゆる》せなかったらしいが
その点《てん》だけは彼女《かのじょ》と同感《どうかん》だが
……
とにかく今日《きょう》は用《よう》なしの様《よう》ですね
これで失礼《しつれい》しますよ 今回《こんかい》のこの失態はこの娘《こ》でチャラって事《こと》で
さ いいから おいで
探《さが》せ！ 草《くさ》の根《ね》を分《わ》けてもジブリールを…
ドサ

描いたの昔なんで忘れちゃったけど、なんかこの回って表紙とか帽子屋さんのコスチュームとかちょっとGuniwっぽいよーな…。連載50回目の回なんすよ、これは。50回…こんなに長く一つのマンガ描いたのはじめてだなぁ。あと何十回ぐらいで終わるのだろう。わからん。あの魔王の部屋のイメージって、映画「ラビリンス」なんすけど…ジェニファー・コネリーと、デビッド・ボウイの出てた、やつ。ジェニファーは好き。「フェノミナ」の全長版観たけどどこが長くなってんのかよくわからんかった。ジェニファーはやっぱり美しかったけど。フェノミナは、テーマ曲がGOOD.

バレてんじゃないの？
かもね
ねぇ あの人《ひと》 あなたの上《うえ》の人《ひと》なんでしょ？
大丈夫《だいじょうぶ》なの こんな事《こと》して
さあ… 殺《ころ》されるかも
じゃあ…
なんで助《たす》けてくれたの？ ラフィー君《くん》…
美人《びじん》だし
でもその呼び方やめねーとジーちゃんかジブちゃんってよんじゃうよん
嫌ーっ!!
ゴゴゴゴ

カッ
カッ
!
グルン
いかれ帽子屋《マッドハッター》
魔王様《まおうさま》のお怒《いか》りは日《ひ》に日《ひ》に増《ま》すばかりだな
ドウナッテオルノダ？…例《レイ》ノ花嫁《ハナヨメ》ノ件《ケン》ハ…
こう毎日《まいにち》ではおちおち昼寝《ひるね》も出来《でき》やしない…
…これは七君主様《サタンさま》がお揃《そろ》いで！
その件《けん》なら順調《じゅんちょう》ですよ
窖《アナグラ》にはいざという時《とき》のために邪鬼族《イヴルぞく》の内通者《スパイ》を放《はな》ってありますし
彼女の活躍《かつやく》はすでによく御存知《ごぞんじ》のはずでしょう？

そんなに御心配《ごしんぱい》なら貴殿方《きでんがた》も祖国《そこく》のために動《うご》いてみたらいかがで？
…ふん こんな名誉《めいよ》な仕事《しごと》は愛国者《あいこくしゃ》の君《きみ》に任《まか》せたね
血《ち》が流《なが》れるのなら話《はなし》は別《べつ》だが…
それでは是非《ぜひ》邪悪《じゃあく》で神聖《しんせい》な儀式《ぎしき》の日《ひ》を楽《たの》しみにしていて下《くだ》さいな
我《わ》が同胞《どうほう》よ
今世紀《こんせいき》最高《さいこう》で最後《さいご》の…
豪華絢爛《ごうかけんらん》な結婚式《けっこんしき》を…ね
もうすぐ
運命《うんめい》の花嫁《はなよめ》が来《く》る
赤玉《せきぎょく》 黄玉《おうぎょく》 金剛石《こんごうせき》 黄緑玉《きみどりぎょく》 碧玉《へきぎょく》
葱珩《そうこう》 青玉《せいぎょく》 紅玉《こうぎょく》 瑪瑙《めのう》 黄金《おうごん》が

## ——あらゆる宝珠《ほうじゅ》が汝《なんじ》を覆《おお》えり——

あらゆる夜《よる》の栄光《えいこう》がすべてあなたの物《もの》となろう
さあ…パンドラボックスを開《あ》けるのです
我《われ》らの花嫁《はなよめ》よ…
九雷《クライ》!
なっ…なんやアラクネ!
人《ひと》の部屋《へや》に勝手《かって》に入《はい》んなや
何《なに》よォ今《いま》さら

あたしとあんたの仲《なか》じゃないの!
CHU
あら？何《なに》よその箱《はこ》…
刹那《せつな》への…餞別《せんべつ》…や
お前《まえ》から刹那《せつな》に渡《わた》してほしい
…俺《おれ》には自分《じぶん》で開《あ》ける勇気《ゆうき》が…いやケンカしたままやから顔合《かおあ》わせづらいんや
アラクネ…
九雷《クライ》…!
俺《おれ》の大好《だいす》きな唯一《ゆいいつ》の肉親《いとこ》…
ウソついてゴメン…
だめよ
そーゆー事《こと》なら自分《じぶん》の手《て》で渡《わた》しなさい？
このまま別《わか》れたら心残《こころのこ》りでしょ？
お前《まえ》に黙《だま》って行《い》ってしまう事《こと》……
…ええの
許《ゆる》してくれなんて言《い》えへんな…
もう…決《き》めた事《こと》やから
俺《おれ》…本当《ほんとう》のイミでみんなで幸《しあわ》せになるなんて無理《むり》やってわかっとるけど…

それでもやっぱ…剎那《せつな》にだけはあんな風《ふう》に…笑《わら》いながら事《こと》もなげに言《い》っててほしい
「みんなみんな幸《しあわ》せになれる」ってあいつの言葉《ことば》にならば騙《だま》されていられる…そんな気《き》がする…から
いつだってあいつの瞳《ひとみ》は俺《おれ》をすり抜《ぬ》けてどこまでもどこまでも遠《とお》くを見《み》ている
覚醒《かくせい》する前《まえ》から俺《おれ》は知《し》らずにあの見《み》えない翼《つばさ》に癒《いや》されとって…真《ま》っ白《しろ》にしてくれた だからこのまま誰《だれ》の色《いろ》にも染《そ》まらないでいてほしいから
あのままの無敵《むてき》のままの少年《しょうねん》でいて欲《ほ》しいから
俺《おれ》…!
ほんま自分《じぶん》でもアホやと思《おも》うけど…俺《おれ》は俺《おれ》が幸《しあわ》せになるより

刹那《せつな》に…
いつでも いつまでも あんな風《ふう》に
笑《わら》っていて 欲《ほ》しい…!!
そのためには この俺《おれ》なんか
九雷《クライ》…!
どうなったって かまわない…!
あんた…何《なん》だか 一人《ひとり》でいろいろ 悟《さと》っちゃったみたい だね…
まだまだ ガキだと 思《おも》っていたのに …
自分《じぶん》にとって何《なに》が 一番大事《いちばんだいじ》か知《し》って しまったのね
自分《じぶん》しか見《み》えない 私《わたし》なんかより よっぽど大人《おとな》……
人《ひと》の役《やく》に立《た》とう なんて考《かんが》えた 事《こと》もないわ
何《なに》ゆーとんねん! 俺《おれ》は…お前《まえ》が いたから あの時《とき》 くじけずに すんだんや!
皇家《おうけ》の生《い》き残《のこ》りは 全部殺《ぜんぶころ》された 思《おも》っとったから…

絶望《ぜつぼう》の中《なか》のあの奇跡《きせき》
あの時《とき》…どれだけ俺《おれ》がうれしかったか…救《すく》われたか…
あん時《とき》…!
お前《まえ》が一緒《いっしょ》に戦《たたか》うと言《い》ってくれへんかったら
俺《おれ》は
ここまで来《こ》れたかどうかわからん
あたし達《たち》はお互《たが》いゲヘナ皇家《おうけ》の変《か》わり者《もの》で問題児《もんだいじ》だったわね
オカマ
でも…王《おう》はよくわかっていたのねあんたの本当《ほんとう》の力《ちから》を…!
優秀《ゆうしゅう》な上《うえ》の皇子達《おうじたち》を押《お》しのけて密《ひそ》かにあんたに神龍使《ドラゴンマスター》いの証《あかし》となるピアスを渡《わた》して逃《に》がしていたなんて…
追放《ついほう》したと見《み》せかけてあんたを遠《とお》くへやり天使軍《てんしぐん》の魔《ま》の手《て》から守《まも》った…!
味方《みかた》を欺《あざむ》いてまで…

ふふっ 成績《せいせき》はよくても
こんなカッコばかりしていて
一族《いちぞく》の顔汚《ツラよご》しと呼《よ》ばれてた
あたしとは大違《おおちが》いよね
違《ちが》うわ！
アラクネ
父上《ちちうえ》はそんな事《こと》に
惑《まど》わされる人《ひと》や
なかった
お前《まえ》の実力《じつりょく》は
良《よ》くわかっとった
はずや！
……そう
だといいわね
ゴリ…
！
何《なに》？ アレ…
鳥《とり》でも飼《か》ってるの？
！
もう…もう
ええやろ！
さっさと刹那《せつな》に
その箱渡《はこわた》して
来《こ》いや！
ほら鍵《かぎ》!!
何《なに》よォ急《きゅう》にィ
わかったわよ
行《い》くから！
早《は》よう！

…九雷《クライ》…でも
あんとき あんた 一人《ひとり》でも生《い》き残《のこ》ってたと 知《し》って…
うれしかったのは あんただけじゃ ないのよ
それを 忘《わす》れないでね
!
アラクネ…
パタン…
ボイス!! 待《ま》ってや
あ?

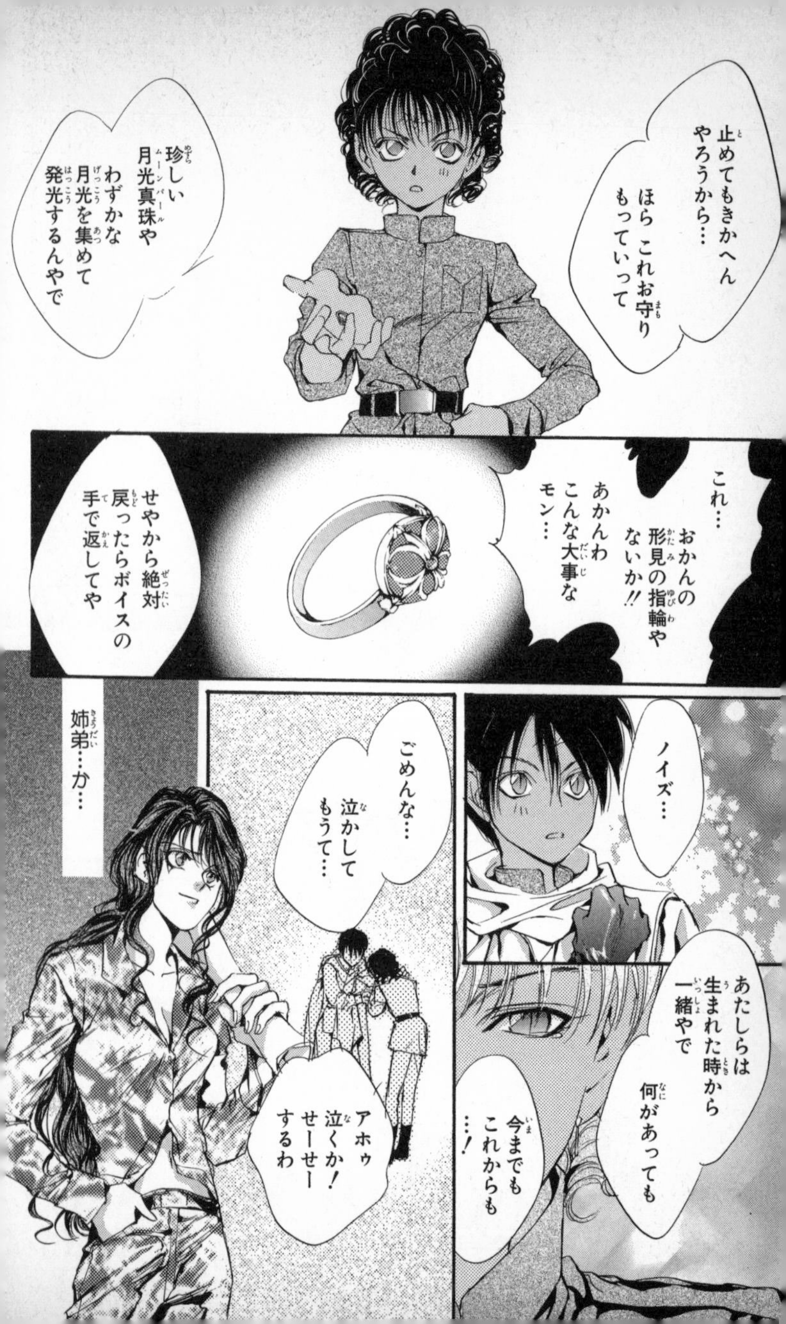
止《と》めてもきかへんやろうから… ほら これお守《まも》りもっていって
珍《めずら》しい月光真珠《ムーンパール》や わずかな月光《げっこう》を集《あつ》めて発光《はっこう》するんやで
これ… おかんの形見《かたみ》の指輪《ゆびわ》やないか!! あかんわ こんな大事《だいじ》なモン…
せやから絶対《ぜったい》戻《もど》ったらボイスの手《て》で返《かえ》してや
ノイズ…
ごめんな… 泣《な》かしてもうて…
あたしらは生《う》まれた時《とき》から一緒《いっしょ》やで 何《なに》があっても 今《いま》までもこれからも…!
アホゥ 泣《な》くか! せーせーするわ
姉弟《きょうだい》…か…

先輩《せんぱい》も…あれからずっと姿《すがた》さえ見《み》せてくれない
もしかしたらこれが最後《さいご》かもしれねーのに…
なんてな……
九雷《クライ》も…ゆうべのアレは…夢《ゆめ》みたいにも思《おも》えたし…
刹那《せつな》!
はいこれ九雷《クライ》からの餞別《せんべつ》ですって
これが鍵《かぎ》
九雷《クライ》は?
そうか…
九雷《クライ》…!
開《あ》けていいか?

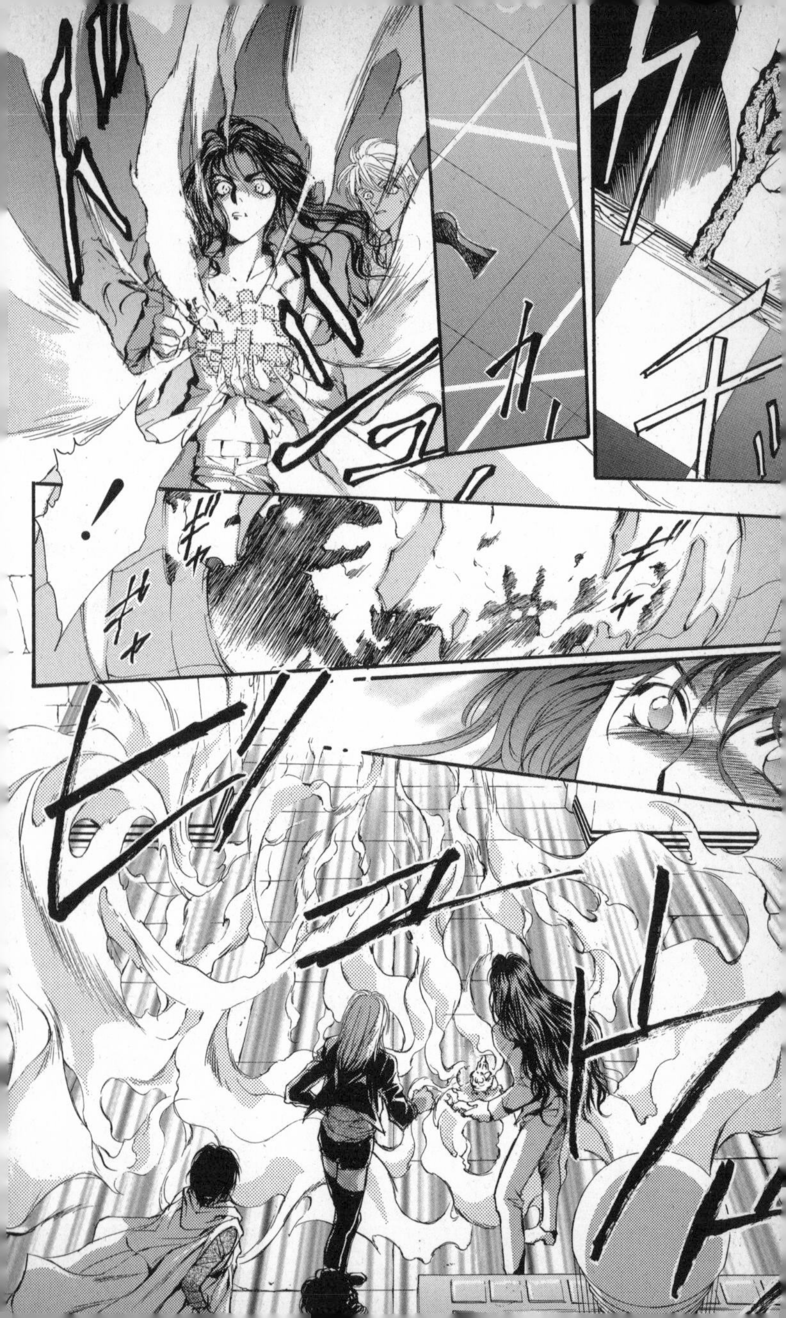
カッ
!
ギャ
ギャ
ギャ

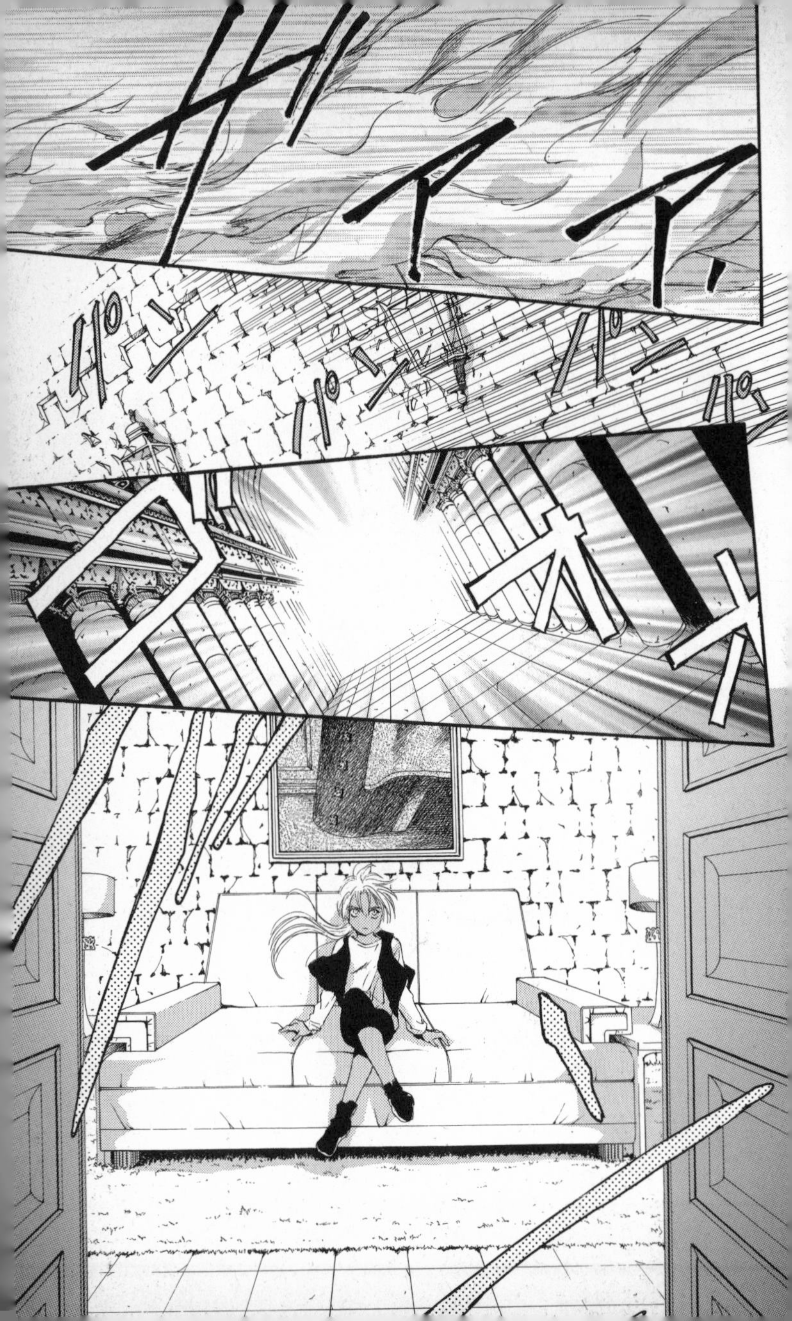
ザアア
パーン パーン パーン パーン パ
ゴォオ

お迎《ひか》えに参上《さんじょう》いたしました
邪鬼族《イヴルぞく》ゲヘナ皇家《おうけ》第《だい》14皇女《おうじょ》神聖《しんせい》なる最後《さいご》の神龍使い《ドラゴンマスター》九雷姫《クライひめ》…

我《われ》らの花嫁《はなよめ》……!
…遅《おそ》いわ帽子屋《ぼうしや》さっさと案内《あんない》せんかい
お前《まえ》らの国《くに》へ

御意《ぎょい》
血《ち》で染《そ》めあげた紅玉《こうぎょく》や真珠玉《しんじゅだま》
絶望《ぜつぼう》よりも深《ふか》い色《いろ》のベールを鏤《ちりば》めた荊棘《いばら》の王冠《ティアラ》やドレス
全部《ぜんぶ》全部《ぜんぶ》あなたの物《もの》

ばいばい…
これは…一体《いったい》…!!
何《なに》かの薬《くすり》…か?
見《み》ろよこれ!
このマーク…見覚《みおぼ》えが…
ノイズの手《て》にあった……
ピエロ野郎《やろう》の残《のこ》した印《しるし》…
魔王《まおう》の…刻印《こくいん》…!?

まるでまるで
最後《さいご》の時《とき》みたいな
九雷《クライ》を…
あいつを探《さが》すんだよ!
あの別《わか》れの言葉《ことば》……!
探《さが》せ…
え?
今《いま》すぐ連《つ》れて来《く》んだよォ!! 九雷《あいつ》を!
俺《おれ》のために一体《いったい》何《なに》をしやがったあのバカ――

九雷《クライ》――!!
姫様《ひめさま》――っ
九雷様《クライさま》――っ
いっけねえ…後宮《こうきゅう》は普段《ふだん》入《はい》っちゃいけねえから……迷《まよ》っちまった
ここ どこや……姫様《ひめさま》…どこ行《い》きよった…!!
ん? 何《なん》や このすきまは…
おっ
何《なん》や怪《あや》しげな地下室《ちかしつ》やで…?
何《なに》か妙《みょう》な匂《にお》いがするしやな
この頭《あたま》がクラクラする様《よう》な煙《けむり》は一体《いったい》……!
魔法陣《まほうじん》…?
これは…神様《かみさま》の祭壇《さいだん》だったのか

!
これは…!!
さっき見《み》た
あの薬《くすり》ビンと
同《おな》じ…
魔王《まおう》の…
これは…!!
俺《おれ》ら邪鬼族《イヴルぞく》の
神龍《しんりゅう》を祭《まつ》った
ものやない…!
バフォメットの
両性具有《りょうせいぐゆう》の山羊《やぎ》を
祭《まつ》った…!?
これは魔王《まおう》を
信仰《しんこう》する邪教《じゃきょう》の
祭壇《さいだん》や!!

この祭壇《さいだん》はお前《まえ》のやな?
だっ…誰《だれ》や!?…
殺《や》られてたまるかい正体《しょうたい》を見《み》せや!

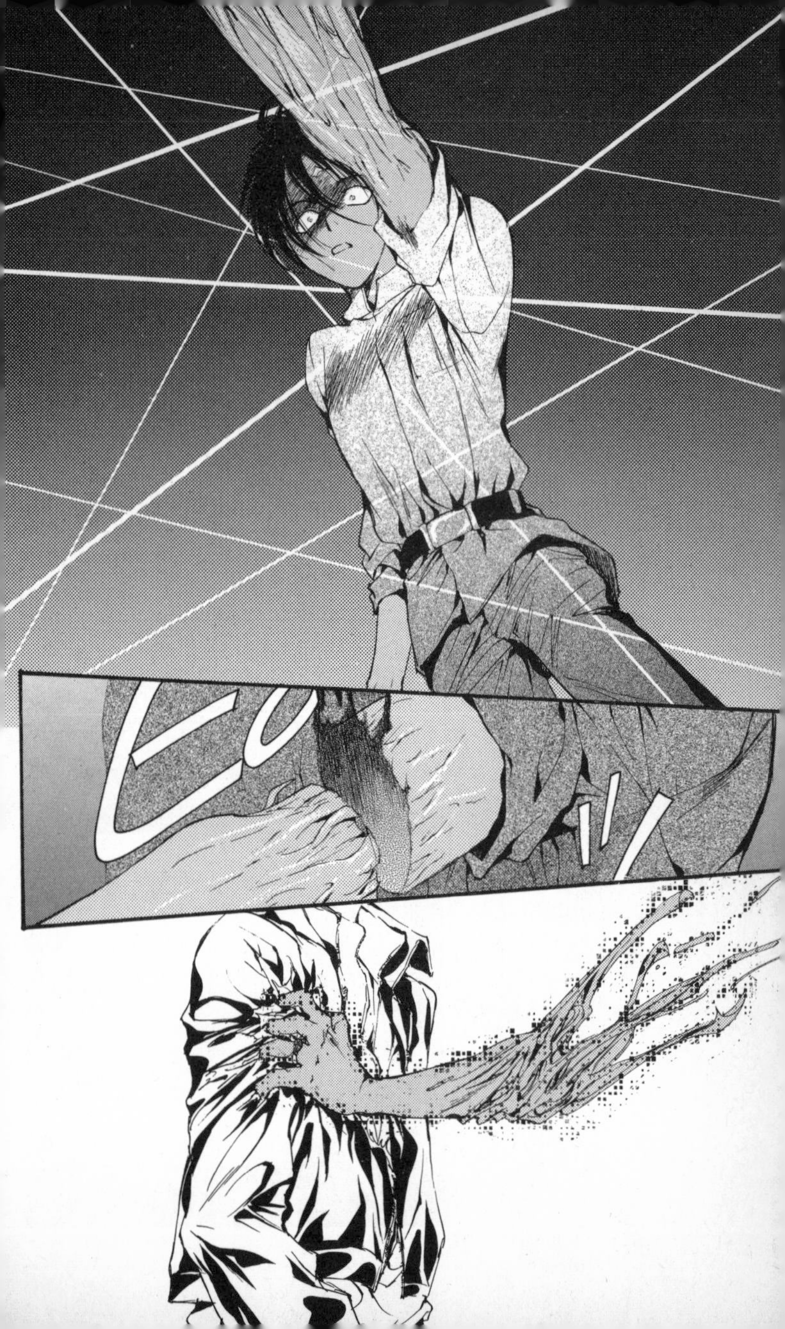
ビッ

…なんでや
…
ズル
お前《まえ》がいてくれて
どれだけ俺《おれ》が
救《すく》われたか
…んで?
なんで…
ピチャッ
お前《まえ》に会《あ》わせて
くれた奇跡《きせき》に
感謝《かんしゃ》する
ピチ
奇跡《きせき》に…?
ピチャ
本来《ほんらい》の悪魔《あくま》の
刻印《こくいん》というものは
見《み》えない
場所《ばしょ》に
刻《きざ》むもの

王宮《おうきゅう》にいながら一人《ひとり》だけ生《い》き残《のこ》ったのは奇跡《きせき》だって？
奇跡《きせき》なんて望《のぞ》んだって起《お》きやしない
生《い》き残《のこ》った理由《りゆう》なんて
そいつが反逆者《スパイ》だからに決《き》まってるでしょ？

天《てん》使《し》禁《きん》猟《りょう》区《く》
Angel Sanctuary

産《う》まれた時《とき》から
一緒《いっしょ》だから
2《ふた》つの羽根《はね》も
2人《ふたり》で分《わ》けあった

…うそ…や … 反逆者《スパイ》… やて…?
あんたが…
誰《だれ》よりも 姫様《ひめさま》の… そばにいた あん…たが…‼
…うそじゃ ないわ
あたしの真《しん》の 目的《もくてき》のためにも …あの子《こ》に生《い》きて いてもらわないと 困《こま》るもの
天使軍《ゴッド・アーミー》に密告《みっこく》して 窖《アナグラ》を襲撃《しゅうげき》させたのも このあたしよ
地獄《じごく》の統一《とういつ》の ためにも ゲヘナ皇家《おうけ》を 弱体化《じゃくたいか》させよとの
ベリアル様《さま》の 命《めい》でね

許《ゆる》…許《ゆる》さねえ…!! …み…みんな…に…
きっと俺《おれ》がバラしてやる…!
それは
ムリな話《はなし》ねボイス
死人《しにん》は
しゃべれないもの

ノイズ
果《は》てしない
果《は》てしない荒野《こうや》
血《ち》の海《うみ》
知《し》った顔《かお》の死体《したい》
震《ふる》えていた
指先《ゆびさき》
たった2人《り》
きり
安住《あんじゅう》の地《ち》を求《もと》め
お互《たが》いの手《て》を
強《つよ》く強《つよ》く握《にぎ》りあって
どこまでも歩《ある》いた
立《た》ち止《ど》まったら
離《はな》れたら
死《し》んでしまいそうで

あの時《とき》 手《て》をさしのべて
くれた姫様《ひめさま》の笑顔《えがお》が
俺《おれ》をどれだけ
救《すく》ってくれたか
身分違《みぶんちが》いの
俺達《おれたち》にまで
優《やさ》しくしてくれた
小《ちい》さな姫君《ひめぎみ》
俺《おれ》は
あの笑顔《えがお》を
守《まも》りたかった
だけやのに…
痛《いた》ァいわ
髪《かみ》引《ひ》っぱんな
ガキ!
うるせえ
姉貴《あねき》ヅラすんなや
同《おな》い年《どし》やろ
ああ お前《まえ》を失《うしな》うのが
片翼《かたよく》を捥《も》がれるのが
こんなに痛《いた》いなんて
思《おも》わんかったわ
ノイズ もう一人《ひとり》の俺《おれ》

ぱら……
救世使《きゅうせいし》!!
救世使《きゅうせいし》──!
ボイスが何者《なにもの》かに…!
…刹那《せつな》…
見《み》て…! 魔王《まおう》の手《て》のものにやられたのね
もう… …死《し》んでいるわ

そんな…
バカな…!
やっとの思《おも》いで
地球《ちきゅう》から帰《かえ》ったのに
あんなに必死《ひっし》に
生《い》きようとしたのに
ボイス…!!
ウソだろ…?
ボイス――!!
どうだ…?
見《み》えるか?

…よく見《み》えないわ
…まだ影《かげ》みたいにボンヤリとしか
…そうか
俺《おれ》がしてやれるのはここまでだ 長《なが》い事《こと》視神経《ししんけい》がマヒしていたから後遺症《こういしょう》が残《のこ》っているんだろう
…あとは精神的《せいしんてき》な問題《もんだい》だな
…でも もっと検査《けんさ》とか手術《しゅじゅつ》とかするのかと思《おも》ってたらなんか手《て》をあてるだけの治療《ちりょう》だったのね
はにゃ
あたり前《まえ》だ
癒《いや》しの天使《てんし》である俺《おれ》が人間共《にんげんども》の様《よう》にわざわざメスだの機械《きかい》だので直接《ちょくせつ》中身《なかみ》をひらいてみるわけがない
まったく人類《じんるい》とは救《すく》いようのない野蛮《やばん》な種《しゅ》だ

…だがあの
首筋《くびすじ》にわずかに
残《のこ》る針《はり》の跡《あと》
いつか
セヴォフタルタに
問《と》い質《ただ》す必要《ひつよう》が
ありそうだな
…君《きみ》は確《たし》か
無道刹那《むどうせつな》の
妹《いもうと》だと言《い》ったな
救世使《きゅうせいし》の
…
救世使《きゅうせいし》かどうかは
わかんないけど
無道刹那《むどうせつな》は私《わたし》の
兄貴《あにき》よ
それに私《わたし》を
紗羅《さら》って呼《よ》んでよ
紗羅《さら》ちゃんね
なる程《ほど》…
しかし
ジブリール程《ほど》の
大天使《だいてんし》に ただの
少女《しょうじょ》の魂《たましい》が憑依《ひょうい》出来《でき》る
はずがない…
となれば
考《かんが》えられるのは一《ひと》つ
ジブリールは完全《かんぜん》に
人間《にんげん》として魂《たましい》を転生《てんせい》
されていたのだという事《こと》…！
だからこそ誰《だれ》にも
守護天使《しゅごてんし》の存在《そんざい》を
悟《さと》られなかつたのだ

しかし
彼女《かのじょ》がジブリールならば
ねえ
何故《なぜ》
元《もと》の体《からだ》に戻《もど》っても記憶《きおく》が戻《もど》らない？
刹那《せつな》が…何処《どこ》にいるか知《し》らない？
なんであの時《とき》刹那《せつな》があんな女《おんな》の人《ひと》の姿《すがた》をしていたのかも…
一体本当《いったいほんとう》の刹那《せつな》の体《からだ》はどうなったの？
何故《なぜ》…
あれは救世使《きゅうせいし》の一番初《いちばんはじ》めの本体《アレクシエル》だ
俺《おれ》は地上《ちじょう》で無道刹那《むどうせつな》の体《からだ》が結界《けっかい》に守《まも》られているのを見《み》た
心臓《しんぞう》を刃《やいば》で貫《つらぬ》かれ横《よこ》たわるあれは——
そう
あれは…

無道刹那《むどうせつな》の死体《したい》だった
うそ
嘘《うそ》じゃない
最高会《さいこうかい》の報告《ほうこく》を知《し》りたいか？
救世使《きゅうせいし》は一九九九年《ねん》妹《いもうと》の死《し》をきっかけに力《ちから》を発動《はつどう》させ 世界《せかい》を崩壊《ほうかい》へと導《みちび》くが
地球《ちきゅう》は何者《なにもの》かによって その時間《じかん》を止《と》められてしまった
その後《ご》 救世使《きゅうせいし》は妹《いもうと》の魂《たましい》を追《お》い 自《みずか》らも本体《ほんたい》を捨《す》て星幽界《ヘイディーズ》へと向《む》かった
私《わたし》を…追《お》って!?
だが 何《なん》のアクシデントか戻《もど》ってきた彼《かれ》の魂《たましい》は前世《ぜんせ》でもあるアレクシエルの体《からだ》に入《はい》ってしまったらしい
しかし彼《かれ》が星幽界《ヘイディーズ》より戻《もど》った理由《りゆう》は…

妹《いもうと》の魂《たましい》が星幽界《ヘイディーズ》にはいないとわかったためだろう――
なあ?紗羅ちゃん?
……そうだわ私《わたし》……
眠《ねむ》ってる間《あいだ》に……いろんな所《とこ》に居《い》た……
気《き》が付《つ》くと小《ち》さな部屋《へや》で人形《にんぎょう》になっていた様《よう》な気《き》がする……
でも……すぐに誰《だれ》かが迎《むか》えに来《き》て……
誰《だれ》だろうあの人《ひと》……黒《くろ》くて長《なが》い髪《かみ》の背《せ》の高《たか》い男《おとこ》の人《ひと》……
とても心《こころ》の中《なか》の悲《かな》しい人《ひと》……!
わたし寂《さび》しくて不安《ふあん》で……このままずっと水《みず》の中《なか》で眠《ねむ》っていたいと思《おも》っていたの
そしたら誰《だれ》かが……

君《きみ》は誰《だれ》？どうして泣《な》いているの？
答《こた》えて
いつも私《わたし》を呼《よ》んでいた声《こえ》
目覚《めざ》めて…そして夢中《むちゅう》で刹那《せつな》の気《き》を探《さが》しあて…
輝《かがや》く様《よう》な金髪《きんぱつ》と青《あお》い目《め》をしたとても綺麗《きれい》な男《おとこ》の子《こ》…
ねえ目覚《めざ》めておくれよ
精神感応《せいしんかんのう》？
そいつは君《きみ》の「気《き》」に同調《どうちょう》し導《みちび》いたと？
あの子《こ》が呼《よ》びかけてくれたから
だから私《わたし》は起《お》きる事《こと》が出来《でき》た
そうよ…あの子《こ》…あの不思議《ふしぎ》な波調《はちょう》…
未来《みらい》を結《つむ》ぐ運命《うんめい》の子供達《こどもたち》…変異亜種《アイオーン》の…
変異亜種《アイオーン》？

カラーに一回 帽子屋さん描きたかったので.何点か描いてみたのが.使ってるのと.下の下描きのと 後がき に使ってるイスに座ってる帽子屋さん。そしたらいざネーム作ったら彼の出番.今回ナッシングでやんの！がーん。アラクネが悪者ってのはマジ初めからあった設定なんだけど.わかるのもっと.ずっとラストの方の予定でした。でもそろそろ出しとかないと後がまた大変そうだ,ったので この辺で…思い切って出してみた。ショックだ.というお手紙.けっこー来ました。すんません。でもしょーがないんです。どうなる.とはまだ言えませんけどね.

え？
やだ あたしったら何《なに》 変《へん》な事《こと》言《い》ってんだろ…
今《いま》のは…
ジブリール…!?
でも…信《しん》じられない…
刹那《せつな》が…
あたしを追《お》って…死《し》んじゃうなんてホントにムチャばっかりして…!!
どうしたら…どうしたらいいの

そうだ…!!
ねえ！お偉《えら》い天使《てんし》のお医者様《いしゃさま》なら刹那《せつな》の体《からだ》を生《い》き返《かえ》せない!?
そう この俺《おれ》は天界一《てんかいいち》お偉《えら》くてかっこよくてクールで偉大《いだい》なる大天使様々《だいてんしさまさま》だから不可能《ふかのう》はあんまりない
ねえ だったら刹那《せつな》を…
断《ことわ》る
なんでよ!!
可愛いからって何でも思い通りになると思ってない？
コギャル(死語)
んだって それをした事《こと》によって俺《おれ》になんか得《とく》がある？
そっ
それはっ…
お礼《れい》ならするわ 何《なん》にも持《も》ってないけど…
お願《ねが》いします！このとーり！
私《わたし》に出来《でき》る事《こと》なら何《なん》でもするから——

じゃあ
服《ふく》脱《ぬ》いで
——どうしたの？
何《なん》でも言《い》う事《こと》きくんでしょ？
それとも
君《きみ》の決心《けっしん》なんてそんなモンなの？

俺《おれ》は別《べつ》に構《かま》わないんだよ？
奴《やつ》らの居《い》る地獄《じごく》には生《い》き返《かえ》りの術《じゅつ》を使《つか》える悪魔《あくま》がいるだろうし
ただし悪魔《あくま》のいう「生《い》き返《かえ》り」とは肉体《にくたい》の再生《さいせい》とは程遠《ほどとお》いがね
他《ほか》の生物《せいぶつ》の生気《せいき》や肉体《にくたい》を喰《は》む事《こと》によって身体《からだ》を維持《いじ》する 生《い》きた死体《したい》
肌《はだ》や瞳《ひとみ》に生気《せいき》はなく常《つね》に冷《つめ》たく 朽《く》ち果《は》てようが骨《ほね》になろうが永遠《えいえん》に再生《さいせい》を続《つづ》けこの世《よ》を彷徨《さまよ》う
浅《あさ》ましき化物《ばけもの》だ…
救世使《きゅうせいし》!!

姫様《ひめさま》の部屋《へや》にこいつが…!!
すべては手遅《ておく》れ…
魔王様《まおうさま》の手《て》の内《うち》だ…
九雷《クライ》の奴《やつ》…!!やっぱりあの時《とき》こいつを浄化《じょうか》せずにとっておいたんだな…!!
一体《いったい》どういうつもりで
総《すべ》てはお前《まえ》のためだ救世使《きゅうせいし》
姫君《ひめぎみ》はお前《まえ》のためにその体《からだ》を生《い》き返《かえ》らせるその「反魂《はんごん》」の薬《くすり》とひきかえに魔王《まおう》との婚姻《こんいん》を承諾《しょうだく》したのだ
自分《じぶん》の身《み》を犠牲《ぎせい》にしてな…

それじゃ…
あれは本当《ほんとう》の事《こと》…？
すべては…この薬《くすり》のために…!?
九雷《クライ》…!!
あ…
あの
バカ…!!
こんな奴《やつ》の口車《くちぐるま》に乗《の》せられやがって!!
違《ちが》う…俺《おれ》のせいだ…!!
俺《おれ》が…みんなをふり回《まわ》して…自分《じぶん》の事《こと》しか見《み》えていなかつたから…!!
落《お》ちつきなさいよ！剎那《せつな》
みんなが動揺《どうよう》するだけでしょ
とにかくその薬《くすり》を使《つか》ってみたら？

切《き》り落《お》とされた義手《ぎしゅ》が…ない…
あの指輪《ゆびわ》も…
よく聞《き》いて 九雷《クライ》が自分《じぶん》の身《み》を犠牲《ぎせい》にしてまで手《て》に入《い》れた「反魂《はんごん》」の薬《くすり》でしょう？
何《なに》をするにもとにかくあんたの体《からだ》に戻《もど》ってからの方《ほう》がいいわよ
あ…
ああ… そっ…か…
「反魂《はんごん》」…？ 生《い》き返《かえ》りの…!?
クスクス
ク
生《い》き返《かえ》りの…薬《くすり》
クス

そうだ
一滴残《いってきのこ》らず屍《しかばね》に流《なが》し込《こ》め
さすれば見事《みごと》死体《したい》は蘇《よみがえ》り
その魂《たましい》は不屍体《アンチデッド》となり
救世使《きゅうせいし》の力《ちから》は我《わ》が暗黒帝国《あんこくていこく》の手中《しゅちゅう》となる
魔王様《まおうさま》の御意志《ごいし》のままに
……
さあ…何《なに》を考《かんが》えてるのよ早《はや》く飲《の》ませなさいな
……ああ
何故《なぜ》だろう何《なん》だか嫌《いや》なカンジだ…!
手《て》が動《うご》かねえ…
さあ…!
生《い》き返《かえ》りの…秘薬《ひやく》
生《い》き返《かえ》りの

これをちょうだい
これさえあれば
ボイスは生《い》き返《かえ》るんや
ノイズ!!
まずい
それをボイスに使《つか》うつもりか!?

今《いま》ボイスが甦えったら
私《わたし》の事《こと》がバレる
奴《やつ》の口《くち》から…!!
ボイス
今《いま》…今《いま》 生《い》き返《かえ》らせてあげるで ボイス…
可哀相《かわいそう》に… 苦《くる》しかったやろ? くやしかったやろ …!?
今《いま》…今《いま》 元《もと》に戻《もど》してやるで …!!

あ…？
あ…
あ…！

うわあああああ
なんでっ…!?
…手《て》がすべったのよ…
なんでや〜〜〜〜っ!!
止《と》めるつもりがいきおいあまって…
いやや!!

返《かえ》して!!
元《もと》に戻《もど》して
や――!!
はっ
ばっ
落《お》ちつけよ
…ノイズ
まさか…
今《いま》の…
キズは
…俺《おれ》だって
ボイスの事《こと》は
くやしいよ
許《ゆる》せねえと
…思《おも》うよ…!!
ギリ…

だが いっその事《こと》
これで迷《まよ》いが失《う》せた
この契約《けいやく》は
破棄《はき》する
…何《なに》!?
見《み》ての
通《とお》りだ
一方的《いっぽうてき》な結納品《ゆいのうひん》は
受《う》けとれない
この話《はなし》は無効《むこう》だ
あんなのを
嫁《よめ》さんにしたがる
魔王《まおう》さんの物好《ものず》きな
ツラも拝《おが》んでみてーし
何《なに》より猫《ねこ》がネズミを
いびり殺《ころ》す様《よう》なこの
こすっからい手口《てぐち》が
気《き》に入《い》らねえ…

うちの子《こ》を返《かえ》してもらうぜ
てめえは俺《おれ》の道案内《みちあんない》をするんだ
その…魔王様《まおうさま》って奴《やつ》のいる子宮《シオウル》…暗黒帝国《あんこくていこく》って所《とこ》へな!!
刹那《せつな》!!
俺《おれ》も…行《い》くで

…止《と》めてもムダやで…
ボイス!?

天《てん》使《し》禁《きん》猟《りょう》区《く》
Angel Sanctuary

お…お前《まえ》は……っ
ノ…
ノ…ノイズ!? ノイズか?
どうしたんだよ その髪《かみ》…

大事《だいじ》な姫様《ひめさま》の一大事《いちだいじ》やもの当然《とうぜん》アラクネ様《さま》も行《い》くんやろ？
だったらあたしかて行《い》く権利《けんり》があるわ
そりゃあ…こうなったら何《なん》としても地獄《じごく》で刹那《せつな》を監視《かんし》するしかないけど…
え…
ええ
それはそうだけど…
！
でも危険《きけん》すぎるわ ボイスの敵《かたき》ならあたし達《たち》が…
これはあたしの問題《もんだい》や
どこまでもどこまでも地獄《じごく》の底《そこ》まで追《お》いつめて…
犯人《はんにん》を殺《ころ》す
決《けっ》してあきらめない
そいつのシッポをつかまえてやる

ええやろ？救世使《きゅうせいし》…！
「行《い》くな」なんて言《い》わへんよな…？
憎悪《ぞうお》という名《な》の
燃《も》える様《よう》な決意《けつい》の瞳《ひとみ》
…ああ
刹那《せつな》！
もはや誰《だれ》も彼女《かのじょ》の心《こころ》を変《か》える事《こと》は出来《でき》ない
半身《はんしん》をちぎられた痛《いた》みは味《あじ》わった者《もの》にしかわからない
仕方《しかた》がねーだろ
そうだ
あんな瞳《め》をした奴《やつ》を俺《おれ》は知《し》っていた
あれは俺《おれ》？
俺《おれ》の痛《いた》み…

ノイズの髪はなんか好きだったので切るの嫌だったんだけどね。アラクネの事書いてた人で、彼（彼女?）が九雷の事、女の子として好き、と思ってたみたいなカンジだけど、そんな事ないですよ。最初から。あれが「恋愛」だったら割とせめるケドな。そうじゃない方が可愛いカンジかと思うケド。ま、今は、こんな事になっちゃってるからそんなの言ってもしょーがないわね。でも「アラクネのムネに昔、そんな印はなかった」ってな手紙、ありましたけど…いえ、1回も、あの部分は、外へ出してないです。ブラとかで丁度、隠れる場所なんですよ。わかった?

何度《なんど》でも殺《ころ》すがいい!!
だが ムダな事《こと》だぞ 救世使《きゅうせいし》
俺《おれ》は何度《なんど》でも 再生《さいせい》し 何度《なんど》でも 甦《よみがえ》る!!
我《われ》は偉大《いだい》なる 魔王《まおう》の黒《くろ》い使徒《しと》 永遠《えいえん》の命《いのち》を授《さず》かった 魔物《まもの》だからな
怪物《かいぶつ》が 何《なに》を威張《いば》って やがる

…な…何度《なんど》 我《われ》を 切《き》り裂《さ》いても 同《おな》じ…事《こと》…
ピク
ピク
我《われ》は栄光《えいこう》ある 暗黒帝国軍《あんこくていこくぐん》の…!
うがっ
そうだな
何度《なんど》切《き》り刻《きざ》まれ 皮膚《ひふ》を裂《さ》かれ 骨《ほね》を砕《くだ》かれても 再生《さいせい》する…!
だが痛《いた》みも 同《おな》じだ
何度《なんど》殺《ころ》され ようとも
その度《たび》 同《おな》じ 激痛《げきつう》と苦《くる》しみを 味《あじ》わう事《こと》に なる
気《き》の毒《どく》なこった 「死《し》」して終《お》わる 事《こと》のない永遠《えいえん》の 苦痛《くつう》…
憐《あわ》れな 化物《ばけもの》だ

惨《みじ》めで
憐《あわ》れな化物《ばけもの》だ
まるで俺《おれ》だな
待《ま》って…くれ…!!
やめ…
やめろ…!

地獄《じごく》への道《みち》を開《ひら》くだろ？
そなたが…それを望《のぞ》むのか…
そなた…が…
…承知《しょうち》した…
！
いい子《こ》だ

ヒク
先《せん》…
先輩《せんぱい》!!
触《さわ》るな!

ビクッ
…先輩《せんぱい》！
俺《おれ》 帰《かえ》るからっ …今度《こんど》も必《かな》ず 帰《かえ》って来《く》る
…だからっ！
九雷《クライ》も…
みんな必《かなら》ず一緒《いっしょ》に帰《かえ》ってくるから
そしたら…
また昔《むかし》みたいになれるよな！
きっと

楽《たの》しかった
あの頃《ころ》に…
きっと
信《しん》じていられた
時《とき》もある
地獄《じごく》への門《もん》…
きっと
戻《もど》れる日《ひ》が
来《く》るのだと
子宮《シオウル》への道《みち》を
開《ひら》くにはより強《つよ》い
邪気《じゃき》を放《はな》つ土地《とち》を
選《えら》ぶ事《こと》だ
例《たと》えば刑場跡《けいじょうあと》や
戦地跡《せんちあと》…
おびただしい血《ち》が
流《なが》れた怨念《おんねん》のこもる
土地《とち》を探《さが》さねばならない
だが…

感《かん》じるぞ…
この近《ちか》くに恐《おそ》しい程《ほど》の邪気《じゃき》に満《み》ちた土《つち》がある…!!
何《なに》?
向《む》こうだ…!
どうした事《こと》だ…!!
この間《あいだ》までは感《かん》じなかったぞ…
ものすごい〝気《き》〟だ…!!
ポン
一体《いったい》……
ミシッ
この気《き》は一体《たい》…!!?

ここなら誰《だれ》にも
みつからねぇ
静《しず》かに逝《い》け
そうだな…
ありがたい
なあ
刹那《せつな》…
俺《おれ》のやった
ピアスが…
一《ひと》つ消《き》えてる
…？

まさか…
ここだ…
この邪悪《じゃあく》な瘴気《しょうき》溢《あふ》れる土地《とち》でなら「門《もん》」を開《あ》ける事《こと》は可能《かのう》だろう
何《なに》よここ…
薄気味悪《うすきみわり》ィな…このドス黒《ぐろ》い血《ち》みたいな跡《あと》…
さあ…心《こころ》の準備《じゅんび》はよいか…お互《たが》いの手《て》をしっかりと握《にぎ》り魔法陣《まほうじん》の中《なか》を決《けっ》して出《で》ぬ事《こと》だ
どの次元《じげん》に放《ほう》り出《だ》されるかわからぬぞ…

そいじゃあ
地獄《じごく》で会《あ》おう!!
まさか
本気《マジ》に

地獄《じごく》へ堕《お》ちるハメになろうとはな
カツ
刹那《せつな》…！
行《い》つたな…

はぁ
ここまでか…?
この…体《からだ》も…
はぁ
グッ
はあっ

…で
決心《けっしん》はついた? 紗羅《さら》ちゃん
今《いま》の女《おんな》の子《こ》って その辺《へん》のモラルがまるで欠《か》けてるってデータがあったけどなぁ
たいした事《こと》ないじゃん 彼《かれ》が死《し》んだままでいるのを考《かんが》えたら
卑怯者《ひきょうもの》…!
怒《おこ》った顔《かお》も中々《なかなか》いいよ

この…
このスケベおやじ!!エロジジィ!
一人《ひとり》ぼっちの目《め》の見《み》えない いたいけな少女《しょうじょ》に同情《どうじょう》してくれたのかと思《おも》ってたのにそれが目的《もくてき》だったのね!!
いや、今思いついただけ
そりゃ君《きみ》世間《せけん》を甘《あま》く見《み》すぎだよ
いい社会《しゃかい》ベンキョーになったじゃない 世《よ》の中《なか》 ギブアンドテイクだって
自分《じぶん》の手《て》を汚《よご》さないで手《て》に入《はい》るモノなんてないんだよ
かすかに…
水《みず》の香《かお》りがする
…で?
そしてユリに似《に》た花《はな》の香《かお》り…
答《こた》えは?
どこかに…
花《はな》が活《い》けてある…!!
い…

Yes…だよ
待《ま》って…
ここじゃ…嫌《いや》
OK
じゃ こっちだよ

大丈夫《だいじょうぶ》？
気《き》をつけて
……
やけに静《しず》かだね
怖《こわ》い？
すっ
じょーだん…
あたしね ラフィー君《くん》
くす
そんな女《おんな》の子《こ》じゃあないのよ
あたし 本当《ほんとう》はとっても悪《わる》い子《こ》なのよ…

それを…
教《おし》えてあげるっ…!!
ビシーッ
きゃっ

成程《なるほど》 悪《わる》い子《こ》だ 頭《あたま》のね
ポゥ…
この俺《おれ》が青《あお》くさい 色仕掛《いろじか》けにひっかかるわけないでしょ?
こんなので俺《おれ》を傷《きず》つけられると思《おも》ったの
うっ…
でも こんな震《ふる》えた指《ゆび》じゃ 虫一匹殺《むしいっぴきころ》せねーよ

さわんないでよ 誰《だれ》があんた なんかに…
こんな卑怯《ひきょう》な男《おとこ》に 自由《じゆう》にされるなら 舌噛《したか》んで死《し》んだ方《ほう》が マシよ
あんたはっ…
本当《ほんとう》は「女《おんな》」をどこか すごくつきはなして 見《み》ているから
あんなノーミソ 腐《くさ》る様《よう》な口説《くど》き 文句《もんく》をペラペラ 吐《は》けるのね…
だから 平気《へいき》で嘘《うそ》が つけるんだわ…
なら
そうすれば
？

「女《おんな》」を個人《こじん》として見《み》ていないからこそ道具《どうぐ》かおもちゃみたいに思《おも》ってるから 平気《へいき》で裏切《うらぎ》れるのね…
本当《ほんとう》は…
あなた…!
女《おんな》が…
憎《にく》いの…?
憎《にく》いの?
女《おんな》が?
わたくしが…?
それとも…
怖《こわ》い?

きゃ…!
怖《こわ》いね…
頭《あたま》の悪《わる》い
女子中学生《じょしちゅうがくせい》の
本能《ほんのう》ってやつ
が…!
ぱっ
お前《まえ》の本能《ほんのう》は
性欲《せいよく》のみだろ
——?
ラファエル
ひゃ——っ

ミ……
ミカひゃん……！
しばらく見ない間に おっきくなって
まずいっ…!! ジブリールが ここにいると わかったら
いやっ…… 実《じつ》は 彼女《かのじょ》は…！
いろいろと めんどーな事《こと》に …!!
あれ――？ その女《おんな》…
誰《だれ》だっけか？
ミカちゃん…!! いくら何《なん》でも 彼女《かのじょ》の顔《かお》まで 忘《わす》れたっての…!?
うるせーな お前《まえ》の女《おんな》のツラ なんざいちいち 把握《はあく》出来《でき》っかよ
がばっ
。。。
そーいや ミカちゃん 俺《おれ》とは絶交《ぜっこう》 したんじゃ なかったかな？
ははは
あ――？

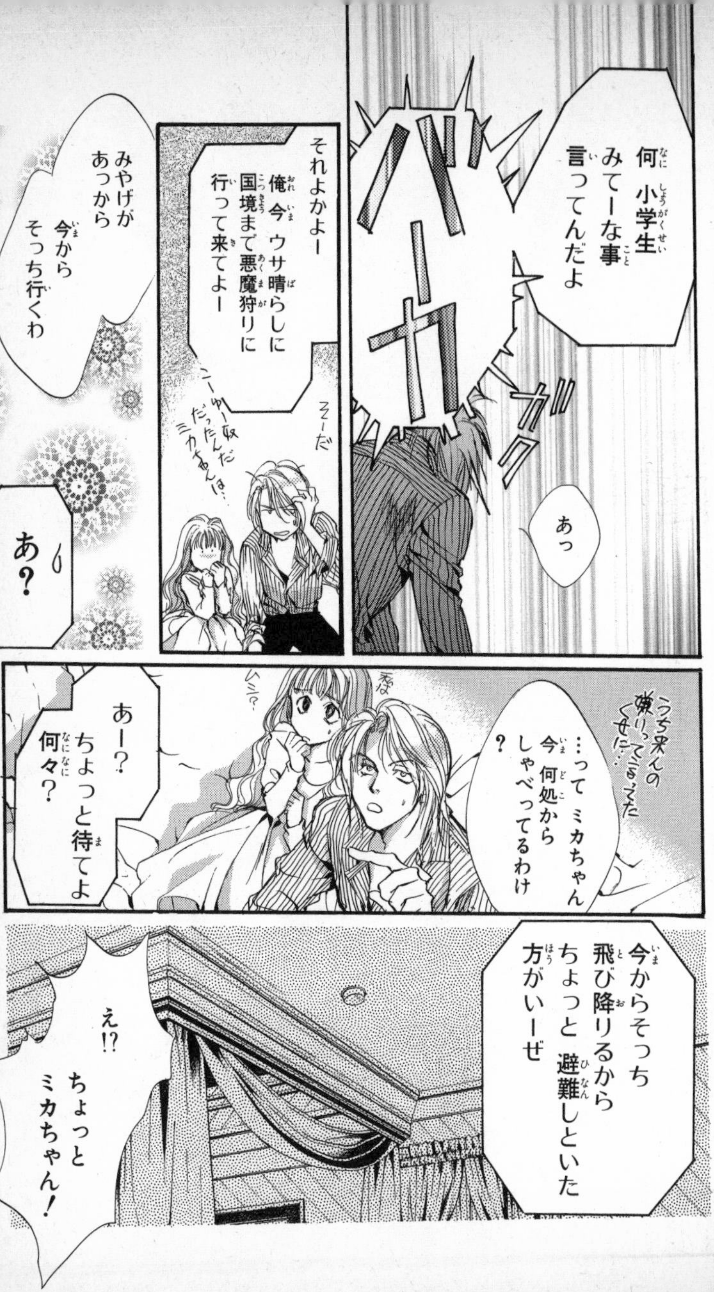
何《なに》 小学生《しょうがくせい》みてーな事《こと》言《い》ってんだよ
バーカ
ガクッ
あっ
それよかよー
俺《おれ》今《いま》ウサ晴《ば》らしに国境《こっきょう》まで悪魔狩《あくまが》りに行《い》って来《き》てよー
そーだ
こーゆー奴だったんだミカちゃんは…
みやげがあっから 今《いま》からそっち行《い》くわ
あ？
うち来んの嫌りってこぼしてたくせに…
…ってミカちゃん今《いま》何処《どこ》からしゃべってるわけ？
あー？ちょっと待《ま》てよ何々《なになに》？
今《いま》からそっち飛《と》び降《お》りるからちょっと避難《ひなん》しといた方《ほう》がいーぜ
え!? ちょっとミカちゃん!

飛《と》び降《お》りるって…今《いま》一体《いったい》何処《どこ》にいんだよ！
バーカ 決《き》まってんだろ
お前《まえ》らの真上《まうえ》ェ
もっと早《はや》く言《い》えーーっ!!!

# 天《てん》使《し》禁《きん》猟《りょう》区《く》

## Angel Sanctuary

用意《ようい》はいいか
行《い》くぜ───っ!!

見《み》ろ!! ラファエル
この戦利品《せんりひん》の数々《かずかず》!!
すげーだろ?
取《と》れたてのベヒーモスの生《い》き肝《ぎも》は精力剤《せいりょくざい》 角《つの》は煎《せん》じて滋養強壮剤《じようきょうそうざい》
居間《いま》に飾《かざ》りゃあ女《おんな》もびっくりだぜ
はあ…
んでもってこれが飛空竜《ドラゴン》のかぎ爪《つめ》な!!
これが重《おも》いのなんのってよ!
いやーやっぱムシャクシャした時《とき》は悪魔《あくま》狩《が》りがオッケー
大量虐殺《たいりょうぎゃくさつ》が一番《いちばん》ってな!!

嬉《うれ》しいか？
嬉《うれ》しいか？
♪ー
嬉《うれ》しすぎて…めまいがする位《くらい》…
ありゃ？そーいや変《へん》な女《おんな》が一緒《いっしょ》だったんじゃねー―の？
むぎゅっ
むぎゅっ？
潰《つぶ》れちまったか運《うん》のねー奴《やつ》…
あ？

わっ
変《へん》な女《おんな》で悪《わる》かったわね
生憎《あいにく》とまだ生《い》きてるわよ!!
も——怒《おこ》った!
何《なん》で こーも災難《さいなん》(人災《じんさい》)にばっか遭《あ》わなきゃなんないの!?

ミカちゃんが出ると何か活気づくらしい。話もいきおいつくし。私はいつも口で説明出来ないモノとか場所は、アシさんではなく自分で描くのだが、今回も、そーゆーモノが1コマ出て来る。が！資料とかで調べた通りに描くと…それは…その…ちょっと描き続けるのがつらいルックスだったので…もっと自由にアレンジしてってしまいました。でも十分、描きづらいです。今も、やはり人間以外の方は難しい。どんな形してるか細かいとすぐ忘れるし。描くたんびに違う形や顔になっとる気ィするよ〜〜。いああい ちなみに鳥カゴのガイコツ君もめんどーです。ハイ

だいたいねー 人様《ひとさま》の家《いえ》を訪《たず》ねるのに いちいち破壊《はかい》する奴《やつ》が 何処《どこ》にいるってのよ！
死《し》んだらどう責任《せきにん》取《と》ってくれるっての!?
それに人《ひと》の頭《あたま》踏《ふ》んづけといて 一言《ひとこと》もないってのは どーゆー教育《きょういく》受《う》けてんの!?
しかも次《つぎ》から次《つぎ》へと 押《お》し売《う》りみたいに わけのわかんない気色悪《きしょくわる》い 土産物《みやげもの》贈《おく》られたって困《こま》るわよ
ぎゃーっ
………
それよりも まず反省《はんせい》して この屋敷《やしき》の修理代《しゅうりだい》の 計算《けいさん》するか とりあえず その辺《へん》片付《かたづ》けたらどう!?
…
ま…まずい アホの子《こ》 ミカちゃんにあまり 長《なが》い文章《ぶんしょう》をかませすぎると活字中毒《かつじちゅうどく》で パニック起《お》こす可能性《かのうせい》が!!
それにしても さっきから気付《きづ》いていたが
サラちゃんっ… 君《きみ》はっ…君《きみ》はっ…
キレんの速《はや》い…。
……

はあ
はあ
はあっ

ボウ…
傷《きず》が…
治《なお》った…!!
貴方《あなた》のその人《ひと》の子《こ》の体《からだ》が限界《げんかい》なのには変《か》わりない…
次《つぎ》に その体《からだ》が致命傷《ちめいしょう》を受《う》けた時《とき》が最後《さいご》…
貴方《あなた》は人《ひと》の体《からだ》を失《うしな》うでしょう…
グ
何故《なぜ》だ…
何故《なぜ》 助《たす》ける様《よう》なマネをする…?

遠《とお》い
遠《とお》い　遠《とお》い
！
はるかな 昔《むかし》———

交《か》わした約束《やくそく》
汚《けが》れた神聖《しんせい》な誓《ちか》い
今《いま》は大事《だいじ》な時《とき》だ 感傷的《かんしょうてき》になっている 場合《ばあい》ではない
そう…
そろそろ 姫君《ひめぎみ》の様子《ようす》を 見《み》に行《い》かなければ

愛《いと》しい我《わ》が姫《ひめ》は
可憐《かれん》な瞳《ひとみ》を
くりくりさせて
お怒《いか》りになって
いらっしゃるでしょうから
帽子屋《ぼうしや》!!

一体《いったい》 いつまでこんな所《とこ》に閉《と》じ込《こ》めとくつもりや!?
……
きゅ〜んっ
退屈《たいくつ》で退屈《たいくつ》で死《し》んでまうわ!!
ちょ〜〜可愛《かわい》い♡我《わ》が見立《みた》てながら怖《こわ》いくらいによくお似合《にあ》いです！やはり元《もと》が良《よ》いと気品《きひん》がにじみ出《で》るとゆーか何《なん》とゆーか…！
え〜〜っ そーかな〜〜
テレるな〜
とか言《い》って誤魔化《ごまか》すな〜〜っ!!
何を言わせんのじゃい
姫君《ひめぎみ》の身《み》の安全《あんぜん》を図《はか》るためにもあの月《つき》が満《み》ちる夜《よる》…婚儀《こんぎ》の日《ひ》までは外出禁止《がいしゅつきんし》とさせていただきます
何《なん》や 身《み》の安全《あんぜん》って
姫君《ひめぎみ》は邪鬼《イヴル》の皇族《おうぞく》とはいえ比較的《ひかくてき》空気《くうき》の良《よ》い最上層《さいじょうそう》窖《アナグラ》でお育《そだ》ちです この子宮《シオウル》の邪気《じゃき》はまだ体《からだ》に毒《どく》です
我々《われわれ》が欲《ほ》しいのは純粋《じゅんすい》なままの汚《けが》れなき花嫁《はなよめ》なのですから…

姫君《ひめぎみ》も知《し》っておられた方《ほう》がよろしいでしょう
この子宮《シオウル》を拠点《きょてん》とし地獄《じごく》を統轄《とうかつ》する我《わ》が暗黒帝国《あんこくていこく》には無数《むすう》の悪魔《あくま》が生育《せいいく》しており
中《なか》でも魔神級《まじんきゅう》の七人《にん》の将軍《しょうぐん》は「七君主《サタン》」と呼《よ》ばれ それぞれ闇《やみ》の軍勢《ぐんぜい》を率《ひき》いている…
ヒュウ
その大悪魔《サタン》の中《なか》にはアスモデウス公《こう》を始《はじ》めとする反魔王派《はんまおうは》もおり お互《たが》いが監視《かんし》し合《あ》う中《なか》 不安定《ふあんてい》な拮抗《きっこう》を保《たも》っている
彼《かれ》らが邪鬼族《イヴルぞく》の後盾《うしろだて》を心良《こころよ》く思《おも》わないのは当然《とうぜん》といえます
わたくしもその七君主《サタン》の一人《ひとり》です
だって…自分《じぶん》の主人《しゅじん》やのに…か？
・・・それが悪魔《あくま》の悪魔《あくま》たる所以《ゆえん》ですね
我々は自分《じぶん》の欲求《よっきゅう》には常《つね》に純粋《じゅんすい》であり欲《ほ》しい物《もの》は力《ちから》ずくで奪《うば》うのが道理《どうり》…
強《つよ》い者《もの》が正《ただ》しい…というのがここの法律《ほうりつ》です

ここでは主人《しゅじん》の恩《おん》を仇《あだ》で返《かえ》したり友人《ゆうじん》に寝首《ねくび》をかかれたりなんて珍《めずら》しくはない…
それは魔王様《まおうさま》であろうとも例外《れいがい》とは言《い》えません
だからこそ魔王様《まおうさま》はその圧倒的《あっとうてき》な魔力《まりょく》と恐怖《きょうふ》でもって皆《みな》を制圧《せいあつ》していてもらわなければならないのです
…わかりますか?
つまり…
俺《おれ》は反魔王派《はんまおうは》の悪魔供《あくまども》には実《じつ》にジャマな存在《そんざい》ってわけやな…?
That's right そのと～り。
ですから他《ほか》からの侵入《しんにゅう》を防《ふせ》ぐためにも
この部屋《へや》は空間《くうかん》をねじってその隙間《すきま》に作《つく》ってあります
わたくし以外《いがい》 出入《でい》り出来《でき》ないかわり 姫君《ひめぎみ》も一歩《いっぽ》でも出《で》たら どの空間《くうかん》に放《ほう》り出《だ》されるかわかりませんよ

外《そと》には危険《きけん》な魔物《まもの》がうようよしていますし…ね
ま…魔物《まもの》なんか怖《こわ》ないわ！
そうですか？
そう…
けれどここにはその美《うつく》しいお姿《すがた》とは裏腹《うらはら》に人《ひと》の苦《くる》しみぬく死《し》に様《ざま》を見《み》るのが何《なに》よりお好《す》きな方《かた》や…
その姿《すがた》を見《み》ただけで 息《いき》の根《ね》を止《と》めてしまう魔物《まもの》もいます
見《み》…見《み》ただけで…？
ええ
鎌状《かまじょう》の大《おお》きな翼《つばさ》を持《も》ち 巨大《きょだい》な体《からだ》には緑《みどり》の鱗《うろこ》が覆《おお》っており 尾《お》はドラゴンの様《よう》…
元《もと》は 身分《みぶん》の貴《とうと》い方《かた》だったのですが…あまりにも多《おお》くをその能力《のうりょく》で殺《ころ》しすぎてしまったがために
現在《げんざい》は鎖《くさり》に繋《つな》がれ地下牢《ちかろう》に…

え？
きゃっ!!
切《き》り離《はな》された亜空間《あくうかん》にまで魔王様《まおうさま》のお力《ちから》が…!!
やはり999人目《にんめ》の花嫁《はなよめ》の儀《ぎ》は早々《そうそう》に執《と》り行《おこな》わねば 一刻《いっこく》も早《はや》く──!
失礼《しつれい》します──
え？
なっ… なんや…今《いま》の…
いいですね姫君《ひめぎみ》 必《かなら》ず毎日《まいにち》参《まい》りますから おとなしくしていて下《くだ》さいね

パコ
ふーラ？…
帽子屋《ぼうしや》は毎日《まいにち》
とっかえひっかえ
美味《おい》しいモンや綺麗《きれい》な
ドレスやら持《も》ってきて
すごい手品《てじな》(魔術《まじゅつ》？)を
見《み》せてくれる
けど
もう見目《みめ》の
いいモンには
心動《こころうご》かんように
なってしまったわ
ぜいたくやな
退屈《たいくつ》は怖《こわ》い
退屈《たいくつ》になると
思《おも》い出《だ》してしまう
あいつの事《こと》を
…
こっそり刹那《せつな》の
死体《したい》からくすねて
きたあいつの
ピアス…
嫁《よめ》に行《い》っても
これだけを
心《こころ》の支《ささ》えにしよう
思《おも》っとったけど
これがあるから
ふっきれんのも
事実《じじつ》やな…

刹那《せつな》…
刹那《せつな》…！
刹那《せつな》ア…!!
あかん…!!
こんなこっちゃ！
何《なん》のために
すべてを捨《す》てる
決心《けっしん》をしたんや
こんなもの
こんな物《もの》が
あるから…!!

今《いま》までの思《おも》い出《で》と共《とも》に捨《す》てるんや!!
全部《ぜんぶ》…!?
今《いま》までの……?
俺《おれ》から刹那《せつな》を消《け》したら…
何《なに》も失《な》くなっちゃう……
い…!

いやだぁ!!
だめぇ!!!
忘《わす》れられるわけ…忘《わす》れられるわけない!!
俺《おれ》の…俺《おれ》の大事《だいじ》な…大事《だいじ》なモン
きつと紗羅《さら》でも手《て》に入《い》れられなかつた…
俺《おれ》だけの大切《たいせつ》な物《もの》があるはずや…!!
あっ!

うわぁっ!!
……あ
……あった……!

ここ…どこやろ
あんな所《とこ》から落《お》ちたんか…？
よく無事《ぶじ》やったな
あ…クツが片方《かたほう》ない
服《ふく》もボロボロ
あ〜あ 外《そと》に出《で》るなって あれ程《ほど》 帽子屋《ぼうしや》に 言《い》われとったのに
ガチャ…
何《なに》か…居《い》る!?
鎖《くさり》の音《おと》…？
「鎖《くさり》に繋《つな》がれ地下牢《ちかろう》に…」
「巨大《きょだい》な体《からだ》には緑《みどり》の鱗《うろこ》とドラゴンの尾《お》…」
うあああ…
「その姿《すがた》を一目《ひとめ》見《み》た物《もの》はすべて命《いのち》を落《お》とすのです」

…誰《ダレ》カガ 子宮《シオウル》ヘノ扉《トビラ》ヲ 開《ヒラ》イタ……
カッ！
2人《リ》…3人《ニン》… ソノ中《ナカ》ニ光《ヒカリ》ノ 天使《テンシ》ガ…居《イ》ル…！

ズタズタに引《ひ》き裂《さ》いて
喰《く》ってしまえばいい
欲《ほ》しい 欲《ほ》しい
失《うしな》われし聖《せい》なる力《ちから》 白《しろ》い翼《つばさ》
どんなに憧《あこ》がれても 2度《ど》と手《て》に入《い》れられぬ 眩《まぶ》しい光《ひかり》
こんな闇《やみ》の底《そこ》に天使《てんし》が
なんと美《うつく》しい生《い》き物《もの》だ
欲《ほ》しい 欲《ほ》しいぞ 俺《おれ》の物《もの》だ
いいや 俺《おれ》だ

白《しろ》い翼《つばさ》を捥《も》ぎ取《と》ってやれ
踠《もが》き苦《くる》しむ様《さま》を見《み》たい
その清《きよ》らかな体《からだ》が血《ち》に汚《よご》れる様《さま》を見《み》せてやれ
この世《よ》で一番《いちばん》の屈辱《くつじょく》を味《あじ》わうがいい

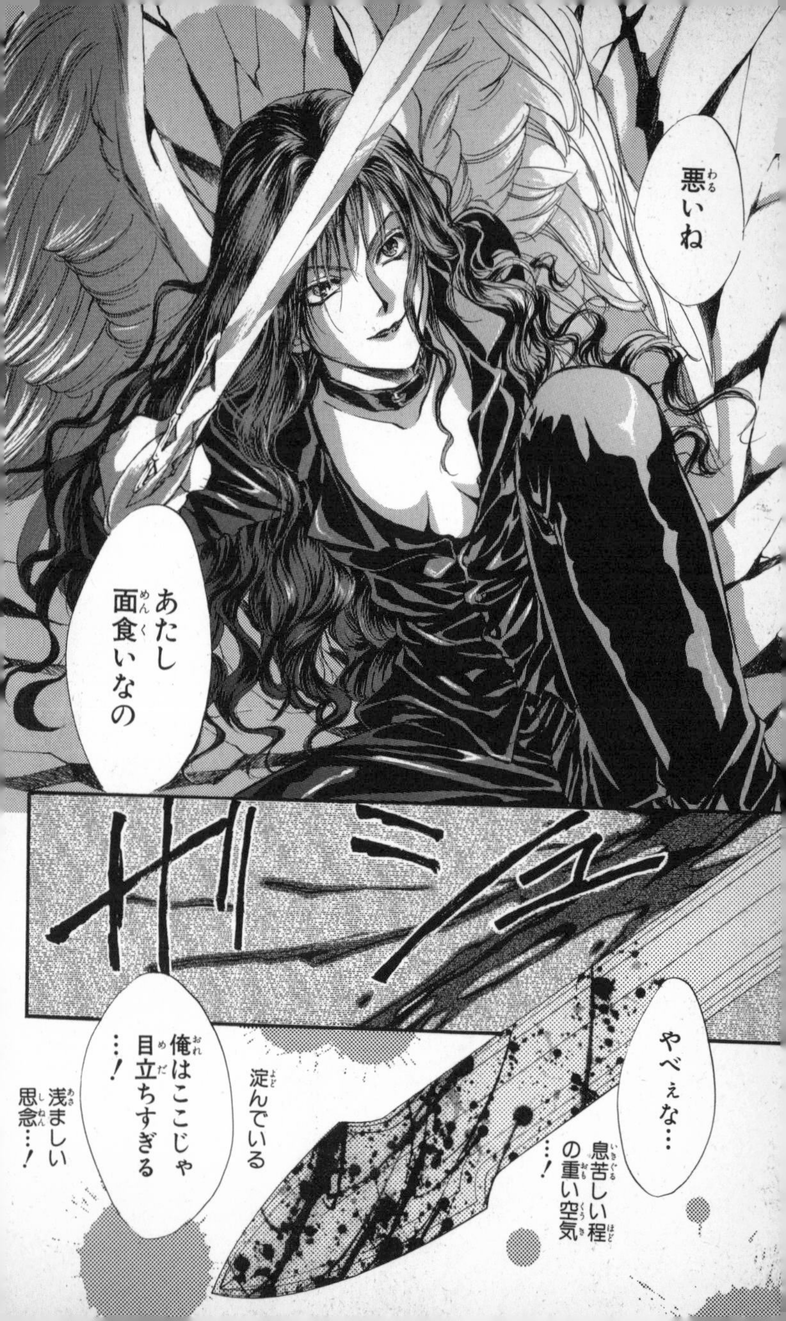
悪《わる》いね
あたし面食《めんく》いなの
やべぇな…
息苦《いきぐる》しい程《ほど》の重《おも》い空気《くうき》…！
淀《よど》んでいる
俺《おれ》はここじゃ目立《めだ》ちすぎる…！
浅《あさ》ましい思念《しねん》…！

これでわかっただろう
光《ひかり》の住人《じゅうにん》がここに来《く》るのがいかに無謀《むぼう》な事《こと》か
ここではお前《まえ》は何《なに》にも勝《まさ》る最高《さいこう》の御馳走《ごちそう》だ
血肉《ちにく》も髪《かみ》も白《しろ》い翼《つばさ》の一本《いっぽん》までも喉《のど》から手《て》が出《で》る程《ほど》にな
どうしたノイズ
救世使《きゅうせいし》
さっきまでいたアラクネ様《さま》がいない
救世使《きゅうせいし》…！
アラクネが？
救世使《きゅうせいし》を連《つ》れて子宮《ここ》へ……？
一体《いったい》どういう事《こと》でしょうか
例《れい》の薬《くすり》は失敗《しっぱい》しました
私《わたし》は怪《あや》しまれないためにも救世使《きゅうせいし》一行《いっこう》と同行《どうこう》せざるをえなくて…

…ならば仕方《しかた》がない
彼《かれ》らを死者《ししゃ》の渡《わた》るレテの川《かわ》に案内《あんない》し、つき落《お》としなさい
あの川《かわ》の水《みず》に触《ふ》れればすべての記憶《きおく》は失《うしな》われる
自分《じぶん》が何者《なにもの》であるのかさえもね
そう…白紙《はくし》の状態《じょうたい》になった救世使《きゅうせいし》の力《ちから》を手《て》に入《い》れるとしましょう
我《わ》が帝国《ていこく》が…!
貴方《あなた》の…復讐《ふくしゅう》のためにもね…
……
アラクネ!

天《てん》使《し》禁《きん》猟《りょう》区《く》
Angel Sanctuary

アラクネ!!
!?

今《いま》話《はな》し声《ごえ》がした気《き》がすっけど…大丈夫《だいじょうぶ》か…？
な…何《なん》でもないわ
ただの独言《ひとりごと》よ…
ふーん…？
…にしてはずいぶん顔色《かおいろ》が悪《わる》いみたいやで？
何《なに》よそれ ノイズ あんたあたしの監視員《かんしいん》？
…？
何《なに》か隠《かく》しとる事《こと》でもあるんやないの？
何《なに》か嗅《か》ぎまわられちゃ困《こま》る事《こと》があるみたいな言《い》い方《かた》やなアラクネ様《さま》？
いいかげんにしな！

——?
落《お》ちつけ
落《お》ちつくのよ
子宮《シオウル》はこう円《えん》を描《か》く様《よう》な断層《だんそう》になっている
この中心《ちゅうしん》の魔王《まおう》の宮殿《きゅうでん》に行《い》くためには…
まだ何《なに》もつかまれちゃいない
今《いま》ヘマをやるわけにはいかない
そうだ 刹那《せつな》と一緒《いっしょ》にノイズもレテの川《かわ》に沈《しず》めてしまえばいい
否応《いやおう》なしにこの忘却《レテ》の川《かわ》を渡《わた》らなければならないわ
でなければ殺《ころ》す
ジャマ者《もの》はすべて消《け》してしまえばいい
そう誰《だれ》のためでもない魔王《まおう》のためでもなく
あたしのために
でなければ未知《みち》の魔物達《まものたち》の住処《すみか》を突《つ》っ切《き》るかね
ずいぶん 詳《くわ》しいな そんなに地獄《じごく》について勉強《べんきょう》してたのかアラクネ

ええ 独学《どくがく》で…
少《すこ》し興味《きょうみ》があったのでね
ふうん…
行《い》きましょう 九雷《クライ》が心配《しんぱい》だわ
なんだか変《へん》だな アラクネの奴《やつ》…
あんなにいつも一緒《いっしょ》だった九雷《クライ》の危機に妙《みょう》に冷静《れいせい》で正確《せいかく》な判断《はんだん》を下《くだ》す
そういえばボイスの死体《したい》を発見《はっけん》した時《とき》だって驚《おどろ》く程《ほど》落《お》ちついて見《み》えた
それになんだか妙《みょう》にうまく進《すす》みすぎるのが不気味《ぶきみ》だ
——そろそろ見《み》えて来《き》たぞ

これが忘却《レテ》の川《かわ》!!
そうだ
この川《かわ》の水《みず》に触《ふ》れた者《もの》は生前《せいぜん》の記憶《きおく》をすべて失《な》くすという
迷《まよ》える魂が今生《こんじょう》を忘《わす》れ 白紙《はくし》の心《こころ》になって転生《てんせい》するための忘却《ぼうきゃく》の川《かわ》
その水面《すいめん》には覗《のぞ》いた者《もの》の運命《うんめい》が映《うつ》し出《だ》されるという…
船《ふね》だ! 誰《だれ》かいるぞ
よし! あの船《ふね》を奪《うば》えば…
その必要《ひつよう》はない

8巻の中にコスプレしてる方々の事書いたら、まさにその人からお写真いっぱいもらいました。(その人はキリエ《ヒガラだオ!?》のコスプレ。あと、ジブリールの人も。)忙しくってお返事出せなくてすんません。でもすごく楽しかったっす。女の子役の子、みんな可愛いし、吉良さんや刹那なんて、すっげ、かっこいいし!小道具とかこってて、クロスロッドにはびっくりした。が七支刀制作中、との事で…今、アレ形変えちゃったからなァ。帽子屋さんや加藤君、なりきっててステキ…(トランプマンのよーな帽子屋さんだが)あの美形、ロシエル様が女王様のよーで、もっと見たかった。誰かアスタロト様やって下さい。髪は赤茶で服は黒です。と、ゆーわけで、本当にありがとうでした♥がんばってねん。

綺麗《きれい》な水《みず》だなぁ…
ここが地獄《じごく》だなんて
思《おも》えねえぐらい
ついにこんな
最下層《さいかそう》まで
来《き》てしまった
紗羅《さら》を
探《さが》すつもりが
なんだかどんどん
遠《とお》ざかってく
気《き》がする
じっさい遠ざかってるけど
許《ゆる》してくれ
紗羅《さら》
俺《おれ》は必《かなら》ず
九雷《クライ》を取《と》り
戻《もど》す
そして
必《かなら》ず お前《まえ》を
迎《むか》えに行《い》くから
…!!
必《かなら》ず…

紗羅《さら》!?
救世使《きゅうせいし》!?
今《いま》だ

紗羅《さら》──!!
え~~~と…
わかった!?
ちょっと!! 聞《き》いてんの!? あんた!?

だいたいね――
あたしにはれっきとした
「無道紗羅《むどうさら》」っていう
名前《なまえ》があるんだから！
覚《おぼ》えといてよ
あんたらが「救世使《きゅうせいし》」とか
呼《よ》んでる刹那《せつな》の
妹《いもうと》なんだから!!
げ!?
余計《よけい》な事《こと》を――っ!!
がばっ
きゃんっ
もが
もが
あにすんのよ――!!
い―から、だまってろ―
ラファエル――
なっ
なぁに!?

これ何《なん》だっけ？
「コレ」ってあたしの事《こと》――!?
え!?
どっかで見《み》た事《こと》あるよーなないよーな…
昔には何回も会ってるのに…
ボーー
だからお前《まえ》と同《おな》じ四大天使《よんだいてんし》の一人《ひとり》だっつーの!!
だって2本足《ほんあし》でスカート穿《は》いてて2つ目《め》があって…
やっぱり見覚《みおぼ》えあるんだけど
それは彼女《かのじょ》に限《かぎ》った事《こと》じゃないでしょ？
ミカちゃん頭《あたま》真《ま》っ白《しろ》みたいだから今日《きょう》の所《とこ》は帰《かえ》ったら？
ね？
…うん
修理代はあとで請求するからね
なんなの…

玄関《げんかん》から帰《かえ》ってね〜〜〜っ
てくてくてく。
ちょっと
なんなのよアレ〜〜っ
あ〜よかった めんどくせー事《こと》にならなくて…
願《ねが》わくば このまま彼《かれ》の混乱《パニック》が3歩《ぽ》歩《ある》いて治《なお》ったりしない様《よう》に…
めんどくせー事にはなってるっつーの。
ピタ。
救世《きゅうせい》使《し》の
妹《いもうと》ォ?
3歩

深《ふか》い
深《ふか》い深《ふか》い地《ち》の底《そこ》の 鎖《くさり》に繋《つな》がれし魔物《まもの》
その姿《すがた》を見《み》た物《もの》は
たちまち命《いのち》を落《お》すであろう
一目《ひとめ》 その姿《すがた》を見《み》た者《もの》は

胸《むね》が
死《し》ぬ…!?
死《し》んでまう…!!!
!

胸《むね》の苦《くる》しさが
ウソみたいに引《ひ》いていく…!!
刹那《せつな》の…刹那《せつな》のピアス!?
生《い》きとる…
刹那《せつな》…
はは…
刹那《せつな》の力《ちから》が守《まも》ってくれた…!!
死《シ》…
死《シ》ナナイ…?

ナゼ…? ボクノ姿《スガタ》 ミンナヲ殺《コロ》ス …恐《オソロ》シイ姿《スガタ》 …
呪《ノロ》ワレタ… 化者《バケモノ》…ミンナ 嫌《キラ》ウ… ダカラ ココニ一人《ヒトリ》 ズット 悪《ワル》イコダカラ
アレ…ミンナ 生《イ》キテイタ ココニ…アイツ 連《ツ》レテキテ …
デモ… ミンナ死《シ》ンダ ボクヲ見《ミ》テ …
お前《まえ》…
アノ…魔鳥達《アエリアタチ》… イツモココカラ 見《ミ》テル… 空《ソラ》…自由《ジユウ》… 仲間《ナカマ》イテ… 楽《タノ》シソウ
ピ
キキッ
だから一人《ひとり》で ずっとここに 鎖《くさり》で繋《つな》がれて…?
デモ…僕《ボク》ノ 姿見《スガタミ》タラ… 死《シ》ヌ…!

イツモ ココカラ …見《ミ》テル …ズット
デモイイ … 彼等《カレラ》…僕《ボク》… 触《フ》レタラ… 汚《ケガ》レル…！
僕《ボク》 ミタイ… ニ…
呪《ノロ》ワレル …
… 待《ま》てよ！
俺《おれ》 今《いま》 えーもん 持《も》っとんねん！
じっとして 顔《かお》出《だ》さん様《よう》に しとき
パッ
パキ
チュン
チュン
チチ
動《うご》いたら あかんで？

ホラ!
友達《ともだち》ぎょーさん出来《でき》よったで!
友達《トモダチ》…?
ホンマにお前《まえ》が心《こころ》まで呪《のろ》われた魔物《まもの》やったら敏感《びんかん》な小動物《こいつら》が寄《よ》ってくるわけないやろ?
こいつらもお前《まえ》の事《こと》好《す》きやって!
好《ス》キ…
好《ス》キ…?

そうや！お前《まえ》 一緒《いっしょ》に
こっから 逃《に》げようや!!
大丈夫《だいじょうぶ》や!!
何《なん》とかなる
俺《おれ》 魔王《まおう》の嫁《よめ》さんになるために窖から来《き》たんや
女王様《じょおうさま》の権限《けんげん》できっと何《なん》とかなる!!
だから…
わぁ!?
ママ…

あっ
アホか!!
誰《だれ》が自分《おまえ》のおかん《ママ》じゃい
ゴロゴロ
やめっちゅーの!!
ゴロ
ママ
ママ
ママ…
好《ス》キ
いっ
大好《ダイス》キ…
…ったくもう…
よしよし
ポン
ポン
ああ!!
もう何《なん》でもえーわ!

ズズズズ
！
来《ク》ル！
ばっ
え!?
早《ハヤ》ク
早《ハヤ》ク
逃《ニ》ゲテ
抜《ぬ》け穴《あな》!!
アイツガ
来《ク》ル…!!
あっ

おい!!
なんで 穴《あな》をふさぐんだ!?
そんな…
お前《まえ》はどーすんのや!!
……
おや…?
何《なに》かおいたをしていたのですか…?

しらばっくれても
わかりますよ
ほら…
子供《こども》…
小《ちい》さな女《おんな》の子《こ》の
匂《にお》いがする
…!!
その子《こ》…
その姿《すがた》見《み》て
死《し》ななかったわけ？
そりゃ
すごいや
…貴方《あなた》が逃《に》がして
あげるなんて
よっぽど気《き》に入《い》った
みたいですね
その子《こ》
いづれにしても
捕《つか》まえてみれば
わかるけど
俺《おれ》みたいに
魔神級《グレートデイーモン》の魔力《まりょく》を
持《も》つ者《もの》か…
あるいはもっと
別《べつ》の力《ちから》…

ふふん
心配《しんぱい》なんだ？
大丈夫《だいじょうぶ》 何《なに》もしやしねーよ
…ああそうだ
皇子様《おうじさま》
その子《こ》…
前《まえ》の子《こ》みたいに
柔《やわ》らかそうだった
…？
うふふふ
あはははははは

またや！
さっきの地《ち》を這《は》う
様《よう》な音《おと》…!!
それにしても…
なんなんや　ここは…
まるで迷宮《めいきゅう》みたいに
入《い》り組《く》んでいて　行《い》っても
行《い》っても終《お》わりがない…!?
まるでヘビの
穴《あな》みたいや

なっ…何《なん》や今《いま》の
氷《こおり》で心臓《しんぞう》をわし掴《づか》みに
された様《よう》なカンジ…!!
カン違《ちが》いやない
今《いま》確《たし》かに何《なに》かが
俺《おれ》を見《み》ていた…!!
はっ
声《こえ》が聞《き》こえる
綺麗《きれい》な女《おんな》の人《ひと》の
声《こえ》や…!!
子守歌《こもりうた》みたいな
…

あっちの方《ほう》からや!!
あの部屋《へや》や!!
ああ この際《さい》何者《なにもの》でもええから人《ひと》のいる所《とろ》へ…!
早《はや》く!!!
!

まぁ…
柔《やわ》らかそうな女の子《ベイビー》だこと
この女侯爵《おんなこうしゃく》アスタロテに何《なに》か御用《ごよう》…？
天使禁猟区⑨／おわり

# てんしのちくりあくまのおだて あーんど おんがくとまんがッか。

突然だが。わたしは先日．２人のアーティストに会う機会にめぐまれた。同じ出版社のP誌からのお誘いで「あなたの好きな"Guniw Tools"の古川さんのインタヴューがあるから来てもいーよん」という事だった。が実は．めちゃくちゃ忙しいシュラ場中だったのだが後で後悔すんのが嫌だから行った。（ゴメン．残してきたアシさん達。もうしないから。）そん時て眠ってないからもうすごいコンディション悪かったっす。マジで。Butフルフルを目の前にして．すぐキンチョーして目ぇ覚めた。すげー．ホンモノだー．この前ライブで観た時はあんなに遠い人だったのに．それにしてもフルフル氏は（本の）インタヴューとかで感じたよりずっと気さくで笑かせてくれる楽しい人だ。ちょっとゴーマン(?)でゴーイングマイウェイなトーク。私のあの方への（ビデオとかステージとかの）イメージって老獪な御隠居さんの様でいてしかも確信犯のいたずらっ子の様で…。CUREのロバートスミスのよーだ…あのミュールでキュートなイラストを「眠りに落ちそうな時に思いついて．それで絵に描く」と聞いてビックリした。わしなら そのまま ねむっちまうなー．は――っ．それにしても．生フルフル氏は…カラコンのせいもあって色素ぬけててふゎ――っとしてて…キレ――っ…。そこの空気が違って感じました。わたしは寝不足でナチュラルハイとなりいらん失礼な事をベラベラしゃべくった。…らしい。そしてそのまま再び仕事場に向い．シュラ場ったのだ。体力が…そしてしばらくすると．再《また》びキセキが起こってしまい…今度はなんと「PENICILLIN」のHAKUEI氏のインタヴューへのお誘い!!

彼の初 出演映画についてのお話だった。

…のでインタヴューアーさんが映画の話してるのを．おとなしく横（後ろか..）で聞いてました。いやー。お近くで見るとホント背ぇ高くてめっちゃ細くて…。いやマジ．かっこよかったっす。となりの部屋にはCもOもいたらしい。あれ？Gは？こっちは時間の都合もあって．話す時間はなくって．「男のロマン」をライブでやって下さい」などと言ったぐらいっす。キンチョーして顔もマトモに見れんかった！どーでもいいけど先のお２人ともわしのマンガを送られるか．手紙もらってて知って．てござったが…何故送るのか??WHY?いやあありがたいめずらしいお仕事でした。またライブ行ってこっそり応援します。

もう．ないと思うけどP誌のSさんお世話様でした。1997.08.11 じゃっ

これはボージ屋さん。
ちなみにフルフルという名のアクマもいるらしい。正しくはFurfur（フールフール）らしいが。
本人に言った。だからどーとゆー事はないが!

…TO BE CONTINUED

《収録作品メモ》
●天使禁猟区⑨　平成9年　花とゆめ　2，5～9号掲載

花とゆめCOMICS
天使禁猟区⑨

1997年9月25日　第1刷発行
1998年1月15日　第3刷発行

著　者　由貴香織里

発行人　甘　利　博　正

発行所　株式会社　白　泉　社
東京都千代田区神田淡路町2－2－2
電話・編集 03(3526)8025
販売 03(3526)8010
業務 03(3526)8020

印刷所　図書印刷株式会社

ISBN4-592-12845-1
Printed in Japan　HAKUSENSHA